上海社会科学院哲学研究所

中西哲學論衡
PHILOSOPHISCHE BEGEGNUNGEN

资助出版

做人起步《弟子规》

——循礼立教以找回一种向善的生活方式

余治平 著

上海三联书店

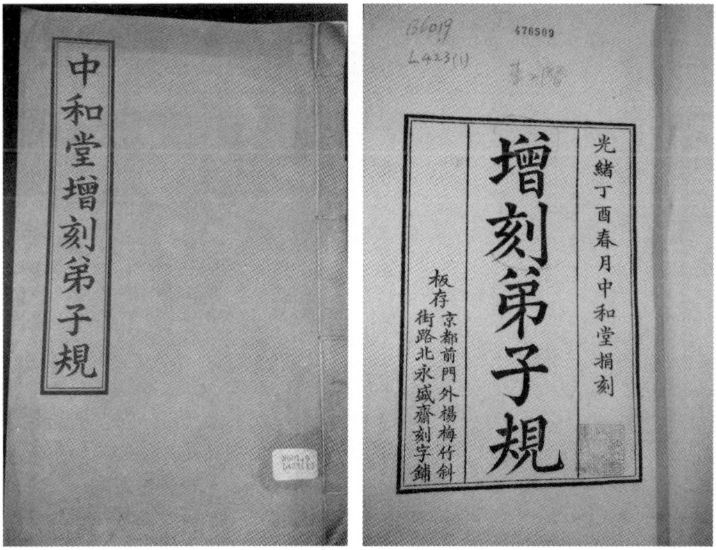

光绪二十三年,《中和堂增刻弟子规》,简称《增刻弟子规》。上海社会科学院图书馆藏。

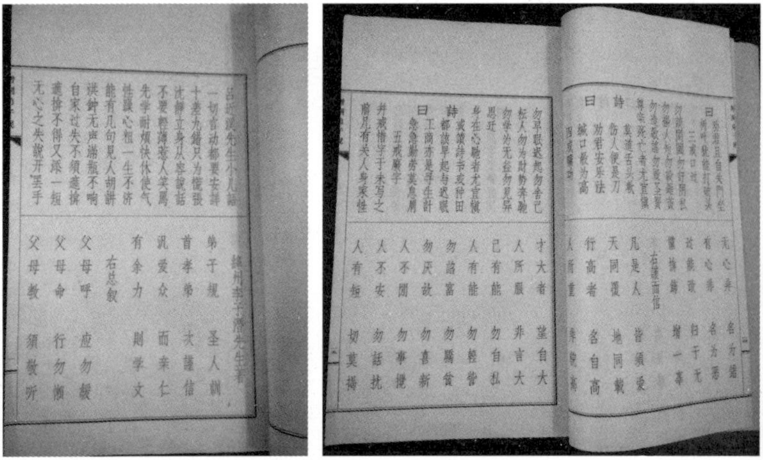

弟子规 圣人训
首孝弟 次谨信
泛爱众 而亲仁
有余力 则学文
右总叙
父母呼 应勿缓
父母命 行勿懒
父母教 须敬听

才大者 望自大
人所服 非言大
已有能 勿自私
人有能 勿轻訾
勿谄富 勿骄贫
勿厌故 勿喜新
人不闲 勿事搅
人不安 勿话扰
人有短 切莫揭

无心非 名为错
有心非 名为恶
过能改 归于无
倘掩饰 增一辜
右谨而信
凡是人 皆须爱
天同覆 地同载
行高者 名自高
人所重 非貌高

光绪二十三年,《增刻弟子规》之内页。上海社会科学院图书馆藏。

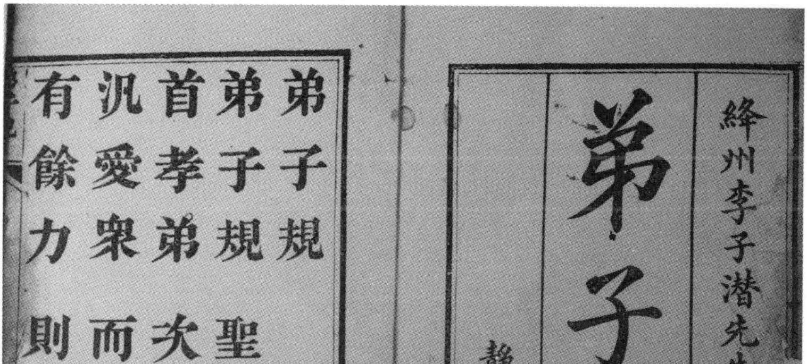

光绪年间,《弟子规》静虚堂刻本,简称“静虚堂本”。上海图书馆藏。

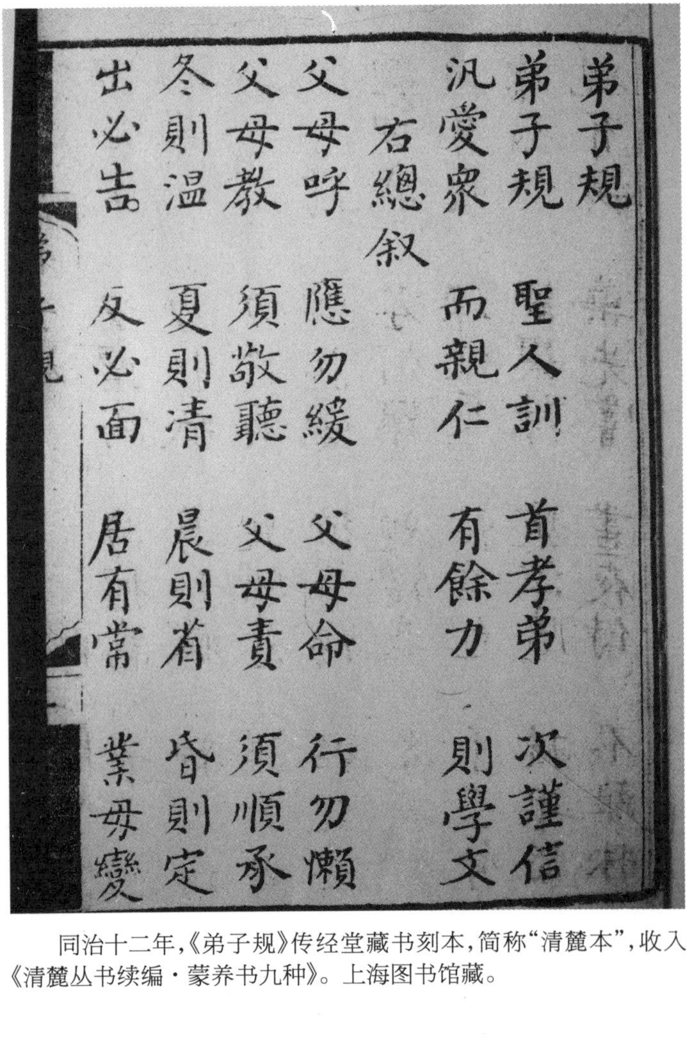

弟子規

弟子規　聖人訓　首孝弟　次謹信

汎愛衆　而親仁　有餘力　則學文

右總叙

父母呼　應勿緩　父母命　行勿懶

父母教　須敬聽　父母責　須順承

冬則温　夏則清　晨則省　昏則定

出必告　反必面　居有常　業毋變

同治十二年,《弟子规》传经堂藏书刻本,简称“清麓本”,收入《清麓丛书续编·蒙养书九种》。上海图书馆藏。

目 录

引 言

人，仅仅活着，是不能成其为人的。人经由“礼”而变得文明，人只在“教”上安身立命。假如没有礼乐教化，即便一口气在喘，靠食物营养维持着生命体征，仍只是禽兽而已。《礼记·中庸》有曰：“天命之谓性，率性之谓道，修道之谓教。”生来与俱、先天所有、上苍直接给予人而不加任何文饰、不需任何伪装就可以自然呈现与暴露出来的机能或性质，是人的本能；率性而起，不假思索，无所顾忌，不敬不畏，无知无识，直接被人的本能所支配而行事，为所欲为，放任不羁，最容易通达于人的本体；而如果主动为人的本体立心、赋形、寓意，对人的本体作必要的规范约束、理想塑建和价值引导，治身正性，节欲守伦，律己修道，行仁义，积善德，才能够成就并彰显出人之为人的文明蕴涵与礼教特征。

仅有“性”、只有“道”，还不是人，有“教”，才能成人。任性而为、得道达体都没有礼教化成来得重要。于是，“教”之有无，关涉人之为人的根本。人活一辈子，不论事功有与无，不论成就大与小，做人最重要。虽然未必“人品好就什么都好”，但做人差劲，真的会一败涂地，满盘皆输。因而，修炼好人品，一辈子都受益；而做不好人，才是人生最大的失败。

教子孙如何赚钱、如何发达、如何显赫，不如教子孙如何做人。古谚曰：“遗子黄金满籯，不如教子一经。”《弟子规》之所以堪称古代中国礼法训导与道德教育的一部优秀经典，重要原因之一就是它能够把我们引领上一条人之为人的道路。从日用常行开始，紧扣生活细节，规范言语举止，奉劝人们一心向善，以一种有仁有义、有伦有序的方式存在于世，教导人们努力做一个孝亲悌友的人，做一个正直有爱的人，做一个诚实可靠的人，做一个有敬畏有信念的人，做一个有操守有品节的人，做一个有本领而对社会有用的人，这些无疑都应该是《弟子规》一书的基本创作目标。

一

今天的我们其实都生活在一个急功近利的时代里。借助于武装到牙齿的现代化工具，人类打开欲望，放纵自己，为所欲为，几乎不加任何限制和约束。对自然，没有敬畏，一味开发、利用与征服，根本就没有收敛过；对他人，不是充满冷漠，就是怀有敌意，整天嘴上喊着超越自我，心里却只想着怎样战胜对手。

一进入现代社会，就有人公开给我们灌输：如何走向成功，如何追名逐利，如何钻营取巧，如何通过最少的投资成本而获得最大的人生回报，如何超越别人而实现自我价值，如何让自己更加出类拔萃、高人一等……于是，人的生命意义似乎仅有这一个维度，人之为人的意义与光环近乎消失，道德理想总被抛在一边。

在一个极为现实、十分市侩的世道里，我们都被一种“趋利的生活方式”所彻底包围和吞噬，许多时候自己还浑然不知。但人类是否真的只有这一种活法吗？为中国古人所提倡并实践过的那种尊重人、善待物、认真做好每件事的“向善的生活方式”，一种具有礼法性质、接受过教化熏陶而又与天地好生之德性保持高度一致的活动风格、行为选择与价值倾向，如孔子所曰“志於道，据於德，依於仁，游於艺”(《论语·述而》)，孟子所云“亲亲、仁民而爱物”，“食之以时，用之以礼，财不可胜用”(《孟子·尽心上》)，《弟子规》所说“财物轻”、“步从容”、“事勿忙”、“食适可，勿过则”等，还值不值得我们重新找回来呢？

声色货利，欲壑难填。不是向大自然无限伸手，挖掘不止，而是反躬自省，向人自身检讨错误。过有限制的生活，过有意义的生活，其实，我们的祖先早就这么做了。

发轫于西方的现代化走到今天已经非常真实地绑架了全人类，无论是西方与东方，还是南半球与北半球，谁都别想逃脱，全世界所有民族都被引上了一条向死的不归路，无限制地膨胀欲望，耗尽有限的自然资源，不断以科技进步的方式加速自身的灭亡，最终必将毁掉所有生命与整个地球。今天的我们如果仍还迷执于现代性的方向，一意孤行到底，则必将死路一条，而只有回过头去从老祖宗遵循并绵延了数千年之久的生存模式中、从先人那种简单而礼教灿备、缓慢而不失优雅、四肢劳顿却心灵充实的活法里寻找出路，接受启迪，倡导并力行一种仁民爱物、尊礼节欲、限制本能、自我规约、锤炼德性之道，才能避免早死，有限延缓人类群体的灭亡。所以，读懂《弟子规》至少可以帮助我们自己重新找回一条拯救人类的、激发人性善端的生活方式。

仅有本能的自然呈现，人与动物无异，用礼法教化改造自己的本能，并将其引领上通往至善理想的轨道，人才真正成其为人。于是，所谓“文明”，无非就是合理地限制本能，适当地规范欲望。

二

中国古代文明发轫极早，在神话传说的时代，先知先觉者们就学会用礼法、礼教、礼乐对人们的日常生活进行限制了，“是故圣人作，为礼以教人，使人以有礼，知自别于禽兽”（《礼记·曲礼上》）。伏羲“立礼教以导文，造干革以饰武，丝桑为瑟，均土为埙，礼乐于是兴矣”（《拾遗记·卷一》），夏商周三代已经“郁郁乎文哉”（《论语·八佾》）了，及至《礼记·礼器》之成书，被记载下来的至少有“经礼三百，曲礼三千”。历代祖先们对自己从饮食起居、穿衣戴帽，到言谈举止、行走坐卧，直至婚丧嫁娶、生老病死，几乎整个人公、私生活的每一个方面都有具体详细、系统周到的规范要求，中国文明的成熟于此可见一斑。

尽管这些礼节仪轨，有时代性，有历史性，也有地域性，今天的人们当然不必重复照搬，不可能一一遵循，然而，古人那种对待生活的态度、对待物的态度、对待人的态度、对待事的态度，却可以穿越时空，延伸到今天和未来，很值得我们借鉴、学习和继承。对于当下中国人来说，从老祖宗那里汲取道德素养，多一份敬畏，多一份尊重，多一份爱心，多一份真诚，无论如何都是必须的。

自以为生活在今天的我们在任何方面就都已经毫无疑问、自然而然地超过了古人、优越于古人，其实是一种无知的天真和盲目的自负，严重缺乏实证根据，也经不起理性分析。古人铺好了道德修为的阳关大道你不走，却偏偏扛着开拓、创新的旗号、朝着布满荆棘的荒野里去硬闯一条不切实际的所谓新路、自己的路，费神费力，劳而无获，是彻头彻尾的傻蛋，愚顽不化。人类的历史一再表明，道德与伦理的演变，往往并不随时间维度的直线推展而自行进化。在德性养成与礼乐教化方面，不要总以“时代变了”、“情况不同了”为借口，超不过古人、找不到比古人使用过的更好的办法，还是乖乖地先跟古人学学，千万别亵渎和玷污了开拓、创新之类的美好名称。老祖宗并不是白痴，聪明的很，不是你想超越就能超越的。

人究竟应该如何生活，这始终是一个纠结不堪的哲学问题。我应该如何活着，究竟是什么能让我活得更有意义，我应该如何做一个有德行的人，通过什么样的生活方式我才能获得幸福与快乐，等等，这些问题如果不落实到具体的生活世界、如果没有必要的伦常规范加以填塞和补充，统统都只是一些苍白而单纯的形上幽思。于是，礼法、礼教、礼乐的产生与存在便实属必然。礼法、礼教、礼乐让人类远离动物性，而成就出人之为人的自性。唯有礼法、礼教、礼乐，才使人有别于禽兽而变成人样。正如《礼记·曲礼上》所指出的，“道德仁义，非礼不成。教训正俗，非礼不备”，如果“今人而无礼，虽能言，不亦禽兽之心乎？”

礼法、礼教、礼乐应该及早渗透进每个人的心田，植之于幼年，则影响于一生。所以，林逋《省心录》曰：“善教子者，教于孩提。”古代中国的蒙学教育一向重视德行养成，而不只强调智力开发，德性养成与行为塑建能够不离日用，入于精微，滋润无声，而不尚空谈阔论。《周易·蒙卦》的卦辞有曰：“童蒙求我。”《易传·彖·蒙》解之曰：“蒙以养正，圣功也。”，幼稚蒙昧的孩童往往不能明白天道与事理，圣人的功劳与贡献就在于能够以贞正之德而劝导之，培养之。《易传·象·蒙》又解曰：“山下出泉。”泉水源头虽被山体所蒙盖，但仍能够冲破险阻奔流而出，汇为河湖，故“君子以果行育德”。圣人养性，取法泉水，以其行为果决不回，贯通内外，气势磅礴，践履有力，而自成浩浩荡荡之德业。于是乎，正面引导、重视践履便构成了中国古代道德教育的两大传统。

三

清代康熙年间的秀才、山西绛州人李毓秀（1647—1729）编撰了一本《训蒙文》，后经乾隆年间山西平阳人贾存仁（乾隆辛卯科副榜）修订而更名为《弟子规》。尽管全书仅有360句，合1080字，却因为其教之以事，而非教之以理，寓理于事，行事见理，加之涵摄面广、操作性强、好懂易学、便于记读，而成为一本流传甚广、传诵已久、堪称经典的生活德育读本，它可以告诉我们的是：我们应该按照什么规范来生活，具体而微，不厌其详。

《弟子规》一书的内容紧紧围绕《论语·学而》篇孔子教育弟子的“入则孝”、“出则弟”、“谨”、“信”、“泛爱众”、“亲仁”、“余力学文”七个方面而展开，对为人子弟在家出外、待人接物、修身自律、读书写字等113件日常生活琐事，一一给出礼法标准和规范要求，构成儒家入世践履最基本的工夫标准，供与仁义初学者、德业浅薄者练习参考。

弟子之规，《说文》曰，“规，有法度也”。这就意味着，我们的生活得有规矩，得有法度。没有规矩、法度，就这么活着，想怎样就怎样，那是畜生。有规范的生活才有意义，才是值得人们追求的。《弟子规》并不只是一本蒙学教材、一本低幼读物，其实，只要做人的规矩你还没懂，啥时候都得回过头来补上这一课，啥时候也都不算晚。不会做人，或做人很失败，即便垂垂老矣，也不可不读《弟子规》。

四

我写这本《做人起步〈弟子规〉》，试图以一种儒学研究的审慎态度，替曾经作为民间普及读物的《弟子规》做一次严谨的学术注释和深刻的哲学阐发，通过文字训诂、意义解读、经典援引、事迹推介、思想评议等层面，向当下的人们彰显出儒家生活德育自身的魅力，释放出古老礼教文本的现代价值，因而为混乱的世道找回一种向善的生活方式。

全书将《弟子规》分章析节，编码贯串，逐一剖解，精心讲述。“字训”部分，对相应文字或生字、难字、偏冷字的解释，都依照权威字典，不敢随意生造；难字、偏冷字还一一加了汉语拼音，以便于人们诵读。“引典”部分，则注重交代《弟子规》的思想渊薮与意旨传承，正其本而清其源，尤其挖掘了《论语》、《礼记》两部经典，间或转录古代大哲、先贤的相关论述，遴选萃取，堪称字字珠玑，实乃做人之金玉良言，值得牢记、示教，多读一定受益终身。“事迹”部分，则绍述前人模范，提供效法典型，倡导礼教正能量，以引领弟子步入做人的正途。而“评议”部分，则多阐述哲思义理，迸发心灵火花，极富识见，意旨深邃幽远，尤值回味。

《弟子规》中，为老祖宗所遵照执行过的那些礼仪规范，放在当时的那种社会背景里无论如何都是必须的，人人会做，往来相宜，再平常不过了。时代在变，今天的我们已经大可不必拘泥于先人们的种种清规戒律，但他们待人处事接物的那种心绪、那股子认真劲儿却并没有什么不妥，值得肯定，值得我们追寻，因而无疑是普适的，在今天仍具有很大的适用性。

《弟子规》里所蕴含的是一系列的文明素养，它力图把儒家的仁道理念渗透进人们的生活细节，用礼法、礼乐、礼教规范人们的言行举止，教人学好，教人走正道，强调的是耳濡目染，道德熏陶，至善涵泳。今人读《弟子规》不可食古不化，一仍其旧，不顾情境，而完全照搬，难免落得笑料；更不可抠字眼、钻牛角尖，而把在先人那里原本并不失合法性与合理性的一些老规矩、老礼节统统指责为陈旧、迂腐，甚至谩骂为糟粕、麻痹、奴化、压制、扼杀、毒害。

不去读经典，理解不了经典的伟大，干脆就拉黑它，这本身就是一种堕落，中国人之不尊重历史、不敬畏祖宗，于今为烈。缺乏道德意识、轻忽道德法则之现实作用、对道德不道德了无所谓的人是没有资格站出来对《弟子规》评头评足、说三道四的，其骂得越凶，腔调越偏激，越能够暴露出其身处伦常坍塌的困局已经很久了。《礼记・礼运》曰："坏国、丧家、亡人，必先去其礼。"认识不到当今中国道德沦丧已经到了危及民族生存之程度的人，是根本不能理解礼法、礼教、礼乐重建之必要性和迫切性的。

读书要用心，要得其内在的精神旨意，而不能只逮住字面的一鳞半爪不放。对于儿童（乃至成年人）善行养成而言，不论时代变成什么样子，在还没有产生出比《弟子规》更优秀的道德教育读本之前，读《弟子规》仍然是必须的选择。有总比没有好，能够落实到生活细节的总比假大空的好，教人学好、教人走正道的书终归不会错。没有最完善的读本就只能用相对完善的，更何况世界上根本就没有最完善的。道德教育不能真空，一代代的孩子(乃至成年人)是不能坐那里干等着的。

今天我们“路遇长”,已不必“疾趋揖”,但打个招呼肯定是必须的;也不太可能“退恭立”,或者“骑下马,乘下车,过犹待,百步余”,但主动上前寒暄两句,肯定显得比较礼貌。“亲有疾,药先尝”,今天的我们都比较相信医生和药政管理部门,就不用自己先尝尝了,但替父母试一试杯子里的水温、了解一下医疗与药物的副作用,仍是儿女尽孝心的一部分。

“笔砚正,墨磨偏,心不端”,今天人们写字已经不用墨和砚,而代之以钢笔、铅笔、圆珠笔和电脑键盘,但如果它们放得乱七八糟,不整齐,看着心里也不会舒服。好的读书环境,仍要求“房室清,墙壁净,几案洁”。

“待婢仆,身贵端,虽贵端,慈而宽”,现代生活中,奴婢是没有了,但社会分工还存在,我们对待保姆、司机、服务员等,仍需要一个尊敬、爱护、理解、体谅的态度。

“父母教,须敬听,父母责,须顺承”,不要以为自己大了,翅膀硬了,就可以不听父母的了,错把犯嘴顶撞、误将桀骜不顺当民主自由,其实最终吃亏的还是你自己。

五

可以说,《弟子规》中的绝大部分伦常规范仍为现代社会所需要,正是当下许多人所缺失的修养内容,其亲亲、仁民而爱物的那种精神意旨并不存在“过时”、“陈腐”、“落后”之说,什么时候都少不了，在我们还没有做到这些、还没有做熟这些礼节之前，最好还是别妄言批判和超越，因为我们毕竟还没有资格。藐视《弟子规》的人，最应该先好好反省、检讨一下自己的做人。

“入则孝”篇中，对待生我养我的双亲，本就该“父母呼，应勿缓，父母命，行勿懒”，工作再忙、再没有空都不应该成为理由，怠慢父母是大不敬，远离了孝道。“冬则温，夏则凊，晨则省，昏则定，出必告，反必面”，让父母吃饱穿暖，早晚请安问候一下，出门前、回家后都要跟父母打声招呼，这样的尽孝要求一点也不过分，但长期做到却真不容易。“亲有过，谏使更，怡吾色，柔吾声，谏不入，悦复谏，号泣随，挞无怨”，这些都是原本正常的孝行，不可以看做愚昧、过时的老规矩。

“出则弟”篇中，对待长者，“或饮食，或坐走，长者先，幼者后，长呼人，即代叫，人不在，己即到”，“长者立，幼勿坐，长者坐，命乃坐，尊长前，声要低，低不闻，却非宜”，即便在今天，这些规矩都仍然适用、有效。吃饭喝酒，乘车让座，上下电梯，谁先谁后，当其他办法都不灵的时候，试一试“序齿”，保证大家都服。“事诸父，如事父，事诸兄，如事兄”，在人情淡漠的现代社会，重视并维系血缘关系，可以使自己多一份温馨和关爱。

“谨”篇中，“事勿忙，忙多错，勿畏难，勿轻略”的劝诫，恰好可以提醒我们这些利来利往、行色匆匆的现代人应当慢下来、甚至可以停下来好好思考一番人生的价值与意义了。“斗闹场，绝勿近，邪僻事，绝勿问”，面对声色货利的巨大诱惑，我们应该如何行好事，如何做好人，洁身自好，出污泥而不染。“将入门，问孰存，将上堂，声必扬，人问谁，对以名”，“入虚室，如有人”，这不仅是对他人空间的尊重，也是对自己德性人格的完善。“步从容，立端正，勿践阈，勿跛倚，勿箕踞，勿摇髀，缓揭帘，勿有声，宽转弯，勿触棱，执虚器，如执盈”，这里，显然很注重对具体的日常行为进行德性塑建和道义渗透，详尽入微，不落边角，是很成功的生活德育案例。至于“用人物，须明求，倘不问，即为偷，借人物，及时还”的要求，都是做人最起码的规矩，属于底线伦理，古今一然，终始不变。而“揖深圆，拜恭敬”中，见面行作揖礼是古代中国人的独到发明，有形有意，见表见诚，甚至比现代人见面行握手礼还要卫生、干净，今天却被丢掉不用，着实可惜。

“信”篇中，对言语的要求，分门别类，样样到位。“凡出言，信为先，诈与妄，奚可焉”，说话必须可靠、诚实，这是做人最基本的要求。“话说多，不如少，惟其是，勿佞巧”，“奸巧语，秽污词，市井气，切戒之”，在今天，谁也不喜欢说话多的人，而说话奸巧则更令人讨厌。“见未真，勿轻言。知未的，勿轻传”，“事非宜，勿轻诺；苟轻诺，进退错”，急着表态、轻易承诺，则容易犯错，有损于做人形象，古今都是一个道理。“凡道字，重且舒，勿急疾，勿模糊”，养生要养气，说话吐字，讲究方式方法，不宜过快，忌讳口齿不清、囫囵吞枣。“彼说长，此说短，不关己，莫闲管”，胡乱议论别人长短，容易卷进是非漩涡，给自己带来不必要的麻烦。“闻过怒，闻誉乐，损友来，益友却；闻誉恐，闻过欣，直谅士，渐相亲”，做人要实在，做人要厚道，不让一时的好话、坏话左右自己的情感，影响自己的判断，在今天这个社会显得尤为重要。

“泛爱众”篇，涉及许多公德、私德，一一都作了具体规定，要求人们正确处理好德与能、行与名、貌与才、己与人、取和与之间的关系。“行高者，名自高。人所重，非貌高。才大者，望自大”，名从行来，才比貌重。光看外表，容易看错人。“己有能，勿自私；人所能，勿轻訾”，己有所能，不能自私，推而扩之，惠及他者。嫉贤妒能，挖坑陷害，非君子所为。“勿谄富，勿骄贫，勿厌故，勿喜新”，对穷人富人，要平心而待，不谄媚权贵阶层，也不欺负弱势群体。“人有短，切莫揭。人有私，切莫说”，保护别人的隐私，既是尊重别人，也是尊重自己。“道人善，即是善，人知之，愈思勉；扬人恶，既是恶，疾之甚，祸且作”，如何正确对待别人的善、别人的恶，其实是对自己个人品行的一次考验，在这方面，君子言行尤为谨慎。“善相劝，德皆建；过不规，道两亏”，劝善、止恶，作为修为进德的工夫，不只是为了别人，也是为了自己，无疑是双赢的，彼此都得益。“凡取与，贵分晓；与宜多，取宜少”，舍得舍得，有舍才有得；一味地取，无休止地拿，看似赚了，其实于德无补，只会暴露出你贪婪的本相。“将加人，先问己；己不欲，即速已”，君子修德，总会力行恕道，将心比心，以己度人。这些道德规范，在任何时代都是必须的。

“亲仁”篇，能够正视“同是人，类不齐；流俗众，仁者希”的残酷现实，凸显出德性养成中人以类聚、近君子远小人的重要性。“果仁者，人多畏，言不讳，色不媚”，君子行直道，不阿世，不媚俗，威望和声誉自来自得。“能亲仁，无限好。德日进，过日少；不亲仁，无限害，小人进，百事坏”，与君子为伴，还是与小人为伍，所形成的德行结果肯定是不一样的，所以跟什么人打交道、和什么人做朋友，必须慎之又慎啊！亲近君子、远离小人，即便平平淡淡，无所成就，也在实践着一种向善的生活方式。

“学文”篇中，“不力行，但学文，长浮华，成何人；但力行，不学文，任己见，昧理真”，君子首先要弄清“文”与“行”相辅相成、同生共济的关系，摆正两者的位置。“读书法，有三到：心眼口，信皆要”，在这里，读书的方法已经被说得精透，其具体展开为：“宽为限，紧用功。工夫到，滞塞通。心有疑，随札记，就人问，求确义。”《弟子规》对读书环境也提出了专门要求，“房室清，墙壁净，几案洁，笔砚正”，境生心，心生境，并以为“墨磨偏，心不端；字不敬，心先病”，笔墨放端正，字迹写工整，成为读书人最起码的行为标准。对于作为人类智慧结晶的书籍，《弟子规》要求人们倍加尊重，用心呵护，千万不可马虎处之。“列典籍，有定处。读看毕，还原处，虽有急，卷束齐，有缺坏，就补之”，书要读，但不能随便拿起一本埋头就读，还当预先做好选择，“非圣书，屏勿视”，因为它会“敝聪明，坏心志”。对于普通人来说，圣贤理想的实现是一个渐进的过程，“勿自暴，勿自弃，圣与贤，可驯致”，需要日积月累，慢慢修炼，心急不得，不可有一蹴而就或一劳永逸的糊涂想法。

六

根据当今学者的挖掘与考证,《弟子规》主要版本约有十种,兹予收录、转呈:

1. 咸丰六年,《弟子规》慎修堂藏书刻本,王检心增订,收入《复性斋丛书:十三种》,题有“绛州李子潜先生元著,浮山贾存仁木斋节定”。简称“复性斋本”。

2. 同治十二年,《弟子规》传经堂藏书刻本,题有“绛州李子潜先生毓秀著”,收入《清麓丛书续编·蒙养书九种》,无序有跋。简称“清麓本”。

3. 光绪六年,《弟子规》李光明庄刻本,题有“绛州李子潜著”,无序无跋。书后记载:“江南城,众宝门三山街大功坊郭家巷内,秦状元巷中李光明家自梓,童蒙各科读本,拣选重料纸装订发兑,实价列于单。”简称“李光明本”。

4. 光绪七年,《弟子规》津河广仁堂刻本,书前附有目录、作者及成书缘起介绍,题有“绛州李毓秀采三著”,贺瑞麟作序言,书后附跋,记载此书编排疑处及《弟子规》之特色。简称“津河本”。

5. 光绪九年,《弟子规》武昌书局刻本,题有“绛州李子潜先生著”,收入“童蒙必读书丛刊”。书前附“章蒙必读书小引”及全书总目录,无跋。简称“武昌本”。

6. 光绪十七年,《弟子规》胶州听雨堂刻本,题有“绛州李毓秀子潜撰”,收入《小儿书辑八种》,无序无跋。简称“听雨堂本”。

7. 光绪年间，《弟子规》静虚堂刻本，具体出版日期不详，题有“绛州李子潜先生元著”，无序无跋。简称“静虚堂本”。

8. 光绪二十三年，《中和堂增刻弟子规》，亦名《增刻弟子规》。书前记曰“板存京都前门外杨梅竹斜街路北永盛斋刻字铺”，题有“绛州李子潜先生著”。《弟子规》前有宛平人赵松龄所作《训蒙八言韵语》《朱子家训》。简称“增刻本”。

9. 民国元年(1912)，《弟子规教科书》，佚名辑，昌文书局，石印本，绘图版。无序跋，书内上方附图，下方文字。简称“昌文本”。

10. 民国二十八年(1939)，《弟子规》周氏师古堂刻本，周学熙辑，题有“绛州李子潜先生著”，为周明捷书。无序亦无跋。简称“周氏本”。

本书开篇所呈“新校《弟子规》全文”以及全部撰作，都主要以津河广仁堂所刻《弟子规》为文本依据，但又比较其余版本，或考察其序跋、文字及编排，或辨析其字义、内涵与出版年份等，不拘泥于其一而予以综合利用。

余治平

海西浦东锺毓轩

黄帝4713年，二月二十日

(耶稣2015年4月8日)

新校《弟子规》全文

〔清〕李毓秀

总　叙

弟子规　圣人训
首孝弟　次谨信
泛爱众　而亲仁　有余力　则学文

入则孝

父母呼　应勿缓　父母命　行勿懒
父母教　须敬听　父母责　须顺承
冬则温　夏则凊
晨则省　昏则定
出必告　反必面
居有常　业无变
事虽小　勿擅为　苟擅为　子道亏

物虽小　勿私藏　苟私藏　亲心伤
亲所好　力为具　亲所恶　谨为去
身有伤　贻亲忧　德有伤　贻亲羞
亲爱我　孝何难　亲憎我　孝方贤
亲有过　谏使更　怡吾色　柔吾声
谏不入　悦复谏　号泣随　挞无怨
亲有疾　药先尝　昼夜侍　不离床
丧三年　常悲咽　居处变　酒肉绝
丧尽礼　祭尽诚　事死者　如事生

出则弟

兄道友　弟道恭
兄弟睦　孝在中
财物轻　怨何生　言语忍　忿自泯
或饮食　或坐走　长者先　幼者后
长呼人　即代叫　人不在　己即到
称尊长　勿呼名
对尊长　勿见能
路遇长　疾趋揖　长无言　退恭立
骑下马　乘下车　过犹待　百步余
长者立　幼勿坐　长者坐　命乃坐
尊长前　声要低　低不闻　却非宜

近必趋　退必迟　问起对　视勿移
事诸父　如事父　事诸兄　如事兄

谨

朝起早　夜眠迟　老易至　惜此时
晨必盥　兼漱口
便溺回　辄净手
冠必正　纽必结　袜与履　俱紧切
置冠服　有定位　勿乱顿　致污秽
衣贵洁　不贵华　上循分　下称家
对饮食　勿拣择　食适可　勿过则
年方少　勿饮酒
饮酒醉　最为丑
步从容　立端正　揖深圆　拜恭敬
勿践阈　勿跛倚　勿箕踞　勿摇髀
缓揭帘　勿有声　宽转弯　勿触棱
执虚器　如执盈
入虚室　如有人
事勿忙　忙多错　勿畏难　勿轻略
斗闹场　绝勿近
邪僻事　绝勿问
将入门　问孰存　将上堂　声必扬

人问谁　对以名　吾与我　不分明

用人物　须明求　倘不问　即为偷

借人物　及时还　后有急　借不难

信

凡出言　信为先　诈与妄　奚可焉

话说多　不如少　惟其是　勿佞巧

奸巧语　秽污词　市井气　切戒之

见未真　勿轻言

知未的　勿轻传

事非宜　勿轻诺　苟轻诺　进退错

凡道字　重且舒　勿急疾　勿模糊

彼说长　此说短　不关己　莫闲管

见人善　即思齐　纵去远　以渐跻

见人恶　即内省　有则改　无加警

唯德学　唯才艺　不如人　当自砺

若衣服　若饮食　不如人　勿生戚

闻过怒　闻誉乐　损友来　益友却

闻誉恐　闻过欣　直谅士　渐相亲

无心非　名为错　有心非　名为恶

过能改　归于无　倘掩饰　增一辜

泛爱众

凡是人　皆须爱　天同覆　地同载
行高者　名自高　人所重　非貌高
才大者　望自大　人所服　非言大
己有能　勿自私　人所能　勿轻訾
勿谄富　勿骄贫　勿厌故　勿喜新
人不闲　勿事搅
人不安　勿话扰
人有短　切莫揭　人有私　切莫说
道人善　即是善　人知之　愈思勉
扬人恶　既是恶　疾之甚　祸且作
善相劝　德皆建
过不规　道两亏
凡取与　贵分晓　与宜多　取宜少
将加人　先问己　己不欲　即速已
恩欲报　怨欲忘　报怨短　报恩长
待婢仆　身贵端　虽贵端　慈而宽
势服人　心不然　理服人　方无言

亲仁

同是人　类不齐
流俗众　仁者希

果仁者　人多畏　言不讳　色不媚
能亲仁　无限好　德日进　过日少
不亲仁　无限害　小人进　百事坏

余力学文

不力行　但学文　长浮华　成何人
但力行　不学文　任己见　昧理真
读书法　有三到　心眼口　信皆要
方读此　勿慕彼　此未终　彼勿起
宽为限　紧用功
工夫到　滞塞通
心有疑　随札记　就人问　求确义
房室清　墙壁净　几案洁　笔砚正
墨磨偏　心不端
字不敬　心先病
列典籍　有定处　读看毕　还原处
虽有急　卷束齐　有缺坏　就补之
非圣书　屏勿视　敝聪明　坏心志
勿自暴　勿自弃　圣与贤　可驯致

总叙

0.1　弟子规，圣人训。

【字训】

“弟子”，作为宗亲称谓：隋唐以前，指弟之子，而兄之子则为兄子。后来逐渐被亲属称谓语“侄子”取代。作为社会称谓，“弟子”或指为人弟者、为人子者，或指门生、徒弟、学子，或指道教、佛教的徒众。古时又或指戏剧、歌舞艺人，宋、元时也用以称妓女。

“规”，又作“槼”，《说文》：“规，有法度也。从矢，从见，会意。”本义为画圆的器具，今指圆规。“规”字中的“夫”，本指“外子”、“丈夫”，转义指圆规外侧的“足”，即落在圆周上的足，相对于圆规站立在圆心上的“内足”而言。“规”字中的“见”，意为“呈现”。“夫”与“见”结合，内足固定，外足走动，即可呈现圆周。

“圣”，即“聖”，甲骨文示意有耳、会说、立地倾听。《说文解字・耳部》：“圣，通也”，指通达事理，才智非凡；具有极高智慧和优秀品德的人；精通某种技艺或业务、成就最杰出的人。

“训”，训诫、教诲、教导。

【义解】

《弟子规》是学童们的基本规范，它依据至圣先师孔子的教诲编撰而成。

【引典】

《论语·学而》，孔子曰：“弟子，入则孝，出则悌，谨而信，泛爱众，而亲仁，行有余力，则以学文。”

《礼记·学记》：“君子既知教之所由兴，又知教之所由废，然后可以为人师也。”

《礼记·曲礼上》：“圣人作，为礼以教人，使人以有礼，知自别于禽兽。”

《蕉廊脞录·卷八》：“家中要得兴旺，全靠出贤子弟。若子弟不贤不才，虽多积银、积钱、积谷、积产、积衣、积书，总是枉然。”

【评议】

《弟子规》在清代中后期是一部流传甚广、家谕户晓的养正蒙书。它以《论语·学而》中的“弟子之道”为纲领，从孝、悌、谨、信、爱众、亲仁、学文七个方面为儿童生活、学习建立起最基本的规范，导以仁义，劝以善德，约以礼法，文字精约简要，可操作性、可实践性俱强，堪称生活德育、礼教养成的一部蒙学宝典。但其适用对象又并非仅仅局限于儿童少年，家长成人经常诵读也会受益无穷。只要做人还不到位，修身还有欠缺，啥时候翻翻《弟子规》都不算晚。

圣人才智非凡，德力深厚，能够打通天地人，勾连人事物，应合神人鬼。《易传・说卦》曰："昔者，圣人之作《易》也，将以顺性命之理。是以立天之道，曰阴与阳；立地之道，曰柔与刚；立人之道，曰仁与义。"圣人倾听宇宙之音，先知先觉，为天、地、人立道，垂后世，积认同，因而成为我们族群精神、国民文化的行规定者。圣人之言，不可不学，不可不听。

0.2　首孝弟；

0.3　次谨信；

【字训】

"孝"，子女顺从父母，尽心奉养。《说文・老部》："孝，善事父母者。从老省，从子。子承老也。"

"弟"，尊敬、爱戴兄长。周氏本作"悌"，tì。

"谨"，小心、恭敬、拘束、多畏。

"信"，真实、诚实、确实、可靠；信用、信誉；守信、信任、相信。

【义解】

在日常生活中，首先要孝顺父母，尊爱兄长；其次，自己的言行必须小心谨慎，诚实守信。

【引典】

《论语・学而》，有子曰："孝弟也者，其为仁之本与。"

《尚书·周书·君陈》云:“孝乎惟孝,友于兄弟。”

《论语·为政》:孟懿子问孝,子曰:“无违……生,事之以礼;死,葬之以礼,祭之以礼。”

《尚书·商书·盘庚上》,盘庚曰:“先王有服,恪谨天命。”

《论语·为政》,子曰:“人而无信,不知其可也。”

【评议】

儒家博大宏远的仁道旨意落实于日用生活之中,孝悌当为第一义,孝顺父母、敬爱兄弟是做人的根本。《论语·学而》中,有子曰:“其为人也孝弟,而好犯上者,鲜矣。”孝悌之人,应该可靠,即使坏,也坏不到哪里去。古代悍匪、武侠打家劫舍,常规定不动孝子、忠臣一根汗毛。

做人要慎重、诚敬。小心驶得万年船,有点畏惧是好事,任何时候、任何场合,言行谨慎不为多。人类走出蒙昧,靠彼此之间的信任、信用才粘合在一起,组成了社会,所以孔子才说“人而无信,不知其可也”(《论语·为政》)。

0.4　泛爱众,

0.5　而亲仁。

【字训】

“泛”,更多,更广。

“亲”,近,接近。

“仁”，爱，不忍心；把人当人，以人道待人，有爱心。《说文·人部》：“仁，亲也。从人，从二。”

【义解】

关爱更多的人，亲近他们当中那些有仁德的人。

【引典】

《论语·颜渊》，樊迟问仁。子曰：“爱人。”

《论语·雍也》，子贡曰：“如有博施于民而能济众，何如？可谓仁乎？”子曰：“何事於仁，必也圣乎！尧舜其犹病诸？”

《论语·颜渊》，颜渊问仁。子曰：“克己复礼为仁。一日克己复礼，天下归仁焉。为仁由己，而由人乎哉？”

【评议】

爱人，是儒家仁道主义最基本的一项要求。

爱是人类最基本的情感。无论是爱人，还是被人爱，都可以在我们的心里燃升起一股巨大的力量。人活世上，其价值与意义并不在于唯独爱自己，而更在于爱别人，爱更多的人。

近朱者赤，多接触那些有仁德的人，以他们为榜样，有助于培养自己向善的品行。你的朋友圈，往往会决定你的档次，决定你的未来。

0.6 有余力，则学文。

【字训】

“余”，饱足，多余，剩余。

“文”，文献，文学，文辞；这里指关于礼乐法度的文献。

【义解】

的确做到了孝弟、谨信、泛爱众、亲仁，如果精力有余、能力允许，则应该学习《诗》、《书》、《礼》、《乐》、《易》、《春秋》等礼乐文献。

【引典】

《论语·宪问》，子曰：“君子耻其言而过其行。”

《论语·述而》：“子以四教：文，行，忠，信。”

【评议】

德性养成，行重于知。道德知识服务于道德践履。

孝弟、谨信、泛爱众、亲仁之类始终是做人的第一等事，必不可少。

至于书本化、知识化的礼教制度、文献章句、形上学理、概念逻辑往往则并非德性养成之必须，可有可无，所以才被安排在后，有条件就学，没条件就算。但如能先获理论指导，修德工夫将变得更加自觉，更加深透。

第一章　入则孝

1.1　父母呼，应勿缓。

【字训】

“呼”，召，唤，喊，叫。

“应”，答应，应声，回答，对答。

“缓”，迟缓，缓慢，不着急，怠慢。

【义解】

父母叫唤我了，听到就立即应答，片刻都不要迟缓。

【引典】

《诗经·小雅·蓼我》：“父兮生我，母兮鞠我。抚我畜我，长我育我，顾我复我，出入腹我。欲报之德。昊天罔极。”

《论语·乡党》，子曰：“君命召，不俟驾行矣。”

《小学诗礼·事亲》：“父召唯无诺，父呼走不趋，食在口则吐，手执业则投。”

【评议】

孝是做人第一行，不孝则不能为人。《孝经·三才》说：“夫孝,天之经也,地之义也,民之行也。"子女敬养父母,是世间的一条人伦通则,天经地义,古今一贯,中外一贯。

人为什么要孝?孝,何以是人之为人之必须?

人类的传承与繁衍都以血缘为纽带。人生人、人养人,是最原始但又是最高尚的人类活动。骨肉之情是最重要的人类情感,血亲关系是最基本的人类关系。上代与下代之间、长辈与晚辈之间,血脉相连,环环相扣,一旦断裂,则必然危及家庭、族群的生存与延续。所以,人都会感恩父母给予自己生命,都会精心哺育自己的子孙后代。吃饱饭才能活着,然后,孝长慈幼,亲亲为大,便成为人类生活的第一秩序,不可扰乱。

侍奉父母,必须满心满意,岂能有丝毫不敬?父母一旦叫你了,就当在第一时间回应,立即答复,如果拖沓懈怠、不紧不慢,即为不孝。

孝顺父母,态度不正,就算罪过,不待行动。

1.2 父母命,行勿懒。

【字训】

"命",指示,指派;吩咐,要求。

"行",执行,落实;付诸行动。

【义解】

父母一有吩咐或指派,就要赶紧行动,不可懈怠失敬。

【引典】

《论语·为政》,孟懿子问孝。子曰:“无违。”

《尔雅·释训》:“善父母为孝。”

《礼记·坊记》:“从命不忿,微谏不倦,劳而无怨,可谓孝矣。”

【评议】

现代社会里,许多人都奉行“工作第一”的宗旨,以为家里的事放一放,总不要紧;亲人的话听不听,也无所谓。在职场上对领导惟命是从,上司交办的任务,按时按质完成,不敢有丝毫马虎,不折不扣。而在家里对父母吩咐的事情,却能拖则拖、应付了事。这显然属于一种不孝行为,必须戒除。

有一种人,家作懒、外作勤,怠慢亲人,讨好外人,很容易落得内、外都不是人的后果。把微笑送给外人,把脾气留给亲人,完全颠覆了儒家“亲亲为大”的人伦原则。其实,“立爱自亲始”(《礼记·祭义》),一个连自己最亲近的父母都不想伺候、都伺候不好的人,对外人能奉献多少爱心,在外面能做出多好事情来,肯定是值得怀疑的。

1.3 父母教,须敬听。

【字训】

“教”,教诲、教训,即父母说的话。

“敬”,严肃,慎重;不怠慢,不苟且。

【义解】

父母在教诲，必须恭恭敬敬用心聆听，而不是当成耳边风。

【引典】

《礼记·内则》："孝子之养老也，乐其心，不违其志。"

《家塾常仪·学礼》："凡学者要识礼教。家庭事父母兄长，书院事先生，并要恭敬顺从，遵依教训：与之言则应，教事则亟行，毋得舒缓，自任己意。"

《童蒙须知·语言步趋》："父兄长上，有所教督，但当低首听受，不可妄自议论。"

【评议】

孝顺孝顺，既要孝，又要顺。舍其一，都不能。

对待父母，只有供养，却不听话，有孝而无顺，不能算善事父母。吃的喝的，父母并不缺，年纪大了，物质需求也就少了；常回家看看，跟父母说说聊聊，比给他们买什么都开心。

长辈的教诲，无论对错，都必须先安安静静地倾听，不要嫌烦，不要急躁，这是一种礼教素养。至于解释、辩护、争论、表态等等，那是后一步的事情，等长辈说完了再说不迟。

1.4 父母责，须顺承。

【字训】

"责"，责问，责备，责罚，责怪。

“承”，捧着，托着；延伸指承受、接受，接续、继承。

【义解】

父母批评我了，则应当虚心接受，主动顺应，敢于承认错误，承担过失，而不是忤逆他们，让他们伤心。

【引典】

《童蒙须知·语言步趋》：“长上检责，或有过误，不可便自分解，姑且隐默，入久却徐徐细意条陈：云此事恐是如是，向者当是偶而遗忘：或日当是偶而思省未至。”

《礼记·中庸》：“夫孝者，善继人之志，善述人之事者也。”

【评议】

父母的批评意见，对了的，必须低头认错，表示改过自新；不对的，也不能当场辩驳顶撞，而应当回头找机会解释。

事亲，爱为重；事君，义为重。亲有过，仍必须敬爱孝养，你总不能换一个老子吧?！君犯错，则完全可以弃之而从道，你还可以重新选择单位或上司。

遇到糊涂爹娘，碰上父母不讲理，做儿女的只有认命，孝养、送终一样都不能缺。一句“谁叫他是我爸呢”或“谁叫她是我妈呢”，足以超越和消解无数是非恩怨与善恶仇恨。亲亲为大，古今不变。

1.5 冬则温，夏则清。

【字训】

“温”，温暖，暖和，使……温暖，使……暖和。

“清”，清凉，凉爽，使……清凉，使……凉爽。

【义解】

为人子女就应该照顾好父母的日常起居，使他们在冬天感到温暖，夏天感到凉爽。

【引典】

《礼记·曲礼上》：“凡为人子之礼，冬温而夏清。”

《群书治要·仲长子昌言》：“人之事亲也。不去乎父母之侧，不倦乎劳辱之事……于其体之不安，则不能寝；于其餐之不饱，则不能食。”

【评议】

温被使暖、扇席使凉，在今天依然可行，换个形式，照样有效。装了空调暖气，买了电热毯电风扇，也代替不了主动问长问短、问寒问暖。父母吃不好、睡不好，做子女的能安心吗？

工作忙、压力大、路途远、顾不上等等，都不是理由，关心父母的温饱冷暖、照料他们的日常起居是孝养最基本的要求，如果连这一点都做不到，就枉为人子女一场了。

父母年迈，无所事事，空巢孤独，忒想跟子女说说话、聊聊天，所以，抽点空闲，带上孩子，常回家看看吧，不要拖延，不要迟疑！看父母，次数再多也不算多；陪父母，时间再长也不算长。记住：等你有空了，他们可能就没空了。万事皆可推，父母等不得。

1.6　晨则省，昏则定。

【字训】

“省”，xǐng，察看，考察，检查。这里指看望（父母、尊亲）。

“定”，安定，平静，情绪稳定。

【义解】

每天早晨起床，一定要看望父母，询问他们的身体情况；晚上则要侍奉父母平安入睡。

【引典】

《礼记·曲礼上》：“昏定而晨省。”

《传家宝·童礼知要》：“十岁以上，清晨先父母起。洗面整衣，诣父母榻前问安。如父母已起，则就房先作揖后致问。昏时，候父母将寝，则拂席整衾以待。已寝，则下帐闭户而后息。”

【评议】

在清代社会生活中，昏定晨省是晚辈对父母尊长的一项基本礼节。《红楼梦·第七回》曰：“当下李纨探春等姊妹们也都定省毕，各归房。”

父母安，自己也就安。父母好，自己也就好。

孝敬父母、亲情养成当从照顾他们的日常起居开始。早、晚各一次请安问候，体现出儿女心中始终挂念着父母。现代化的展开，城市化的推进，子女远走他乡，与父母分居两地，使得日复一日地照料父母的生活不断成为一项不容易做到、更不容易做好的孝道工夫。

1.7 出必告，反必面。

【字训】

“出”，出去，外出，出门。

“告”，报告，告诉，请求。

“反”，通“返”，还，回来，回去，回家。

“面”，脸，见面，会面，当面。

【义解】

每当出门，一定要告诉父母我是到哪里去的；回来以后，也一定要先跟父母亲见个面，好让他们放心。

【引典】

《礼记・曲礼上》：“出必告，反必面。”

《童蒙须知・杂细事宜》：“凡外出，及归，必于长上作揖。虽暂出，亦然。”

《魏源集・默觚上・学篇六》：“君子之言孝也，敬而已矣；

君子之言敬也，孝而已矣。一举足不敢忘父母，一出言不敢忘父母。”

【评议】

无论父母在家里当不当家、做不做主，长辈地位始终都不会改变，出告返面是一种尽孝。

儿行千里母担忧，做子女的出去了、回来了都应该及时禀报一声，免得他们的心总悬着。当下许多人在单位因公出差都能够做到走前征得领导批准同意、回来及时上班销假，可就是不屑于招呼父母一声。这种行为其实是有忠无孝，不合人情人伦，因而不值提倡。

1.8　居有常，业无变。

【字训】

“居”，坐，住；住所，处所；平居；平时，常时。

“常”，经常，长久不变，规律。

“业”，事务，职业，事业，工作，饭碗。

“无”，清麓本、津河本、静虚堂本均作“毋”。

【义解】

日常生活要有规律，作息起居不能紊乱；职业要相对稳定，工作不能随便换。

【引典】

《管子·弟子职》:"游居有常,必就有德。"

《论语·里仁》,子曰:"父母在,不远游,游必有方。"

《礼记·曲礼上》:"所游必有常,所习必有业。"

《小学卷二·明伦上》:"所游必有常,所习必有业。恒言不称老。"

《传家宝·安分》:"凡为士农工商的,各务了本等的事业,也不去游惰放荡,也不去作歹为非,一心只在本业上做工夫,这就是安分。"

【评议】

你的职业、你的生活,不只是你一个人的事情,跟你的父母、跟你能不能尽孝都有必然的关联。面对人生抉择、考虑重大问题,父母必须是一个维度,必须顾及亲人的存在。

生活没规律,任何事情都做不好,还会养成坏习惯。

定居才能定心,安家才能乐业。父母年事已高,还能跟你一起四海漂泊啊?! 房子买得太小,父母不睡沙发或地板,又睡哪里呢? 所以,还是趁年轻,好好打拼、努力赚钱吧,这样才能让父母生活得更好,尽孝才是可能的。

换工作就像换衣服的人,往往是靠不住的。没有过得硬的本事,千万别不断地跳槽,否则,加不了多少薪水报酬,却落得个不扎实的坏名声,无形中加重了自己的心理负担。做父母的未必指望你做多大事业,只盼你稳定有序、平平安安就行。

1.9.1　事虽小，勿擅为；

1.9.2　苟擅为，子道亏。

【字训】

“擅”，擅自，自作主张；引申为任意妄为、专横。

“子道”，做子女的基本规矩。

【义解】

事情虽然很小，不要擅自做主而不禀告父母；假如任意而为，就会有损于为人子女的基本规矩。

【引典】

《薛瑄全集·读书录·卷九》：“口无妄言，身无妄动，安得有差？”

《小学卷七·嘉言中》：“凡诸卑幼，事无大小，毋得专行，必咨禀于家长。”

《菜根谭》：“思立掀天揭地的事功，须向薄冰上履行。”

《传家宝·绅瑜》：“真正英雄都从战战兢兢、临深履渊做出来，血气粗卤，一毫用不得。”

【评议】

子女未成年，判断力不成熟，不具备社会行为责任能力，无论遇到大事小事，最好都要告诉家长，家长总有解决办法。所以，把《弟子规》叫小孩子“勿擅为”片面地理解成侵犯儿童权利、限制儿童想象力、扼杀儿童创造性，显然是一种严重误读。

未成年人如果自作聪明，任意妄为，多半会惹出乱子，最终还得要家长监护人出面收拾。这就必然给父母增添了麻烦，加重了他们的负担，因而也是一种不孝。

擅为不等于独立，鲁莽不等于果敢，别把顶撞当民主，也别把叛逆当创新。儿女对父母，下级对上级，汇报未必就没有自己的想法，听话并不就是无能的表现。

1.10.1　物虽小，勿私藏；

1.10.2　苟私藏，亲心伤。

【字训】

“私”，暗地里，秘密，不公开，偷偷摸摸地。

“苟”，假如，如果；一旦。

【义解】

家里家外的东西虽然很小，也不要背着父母偷偷藏匿起来；假如偷偷藏匿起来了，父母发现就会十分难过。

【引典】

《礼记·坊记》：“父母在，不敢有其身，不敢私其财。”

《礼记·内则》：“子妇无私货，无私畜，无私器，不敢私假，不敢私与。”

《礼记·曲礼上》：“父母存，不许友以死；不有私财。”

【评议】

亲子之爱，无私无价。

父母对子女啥时候都愿意奉献自己，其心情之坦荡，堪比天地，皓如日月。所以，子女对父母也不能藏着掖着。

小孩子一有记忆，就开始分别你的、我的，爱己、为己，多取少予，尽显自私自利之本能，殊不知：身体发肤受之于父母，一粥一饭、一财一物都是父母辛勤劳动所得，儿女不可私贪，不可自取，否则都是对父母爱心的极大辜负和严重伤害。

1.11　亲所好，力为具。

【字训】

“亲”，父、母，或父母；有血统或婚姻关系的。

“好”，hào，喜欢，爱好，偏好。

“力”，努力从事；力气，力量。

“具”，具有，具备，备办，准备，完备。

【义解】

父母想要的，做子女的就应该尽最大努力满足他们。

【引典】

《论语·学而》，子夏曰：“事父母，能竭其力。”

《孝经·庶人》：“用天之道，分地之利，谨身节用，以养父母。”

《礼记·内则》，曾子曰：“孝子之养老也，乐其心不违其志，乐其耳目，安其寝处，以其饮食忠养之孝子之身终，终身也者，非终父母之身，终其身也；是故父母之所爱亦爱之，父母之所敬亦敬之。”

《礼记·檀弓下》，孔子曰：“啜菽饮水，尽其欢，斯之谓孝；敛手足形，还葬而无椁，称其财，斯之谓礼。”

【评议】

为了实现父母的一个愿望，满足父母的一个念头，再难也要想办法，竭尽所能，不遗余力。

桓宽《盐铁论·孝养》曰：“善养者，不必刍豢也；善服者，不必锦绣也。以己之所有，尽事其亲，孝之至也。”做任何让父母开心的事情，天下是没有人会耻笑你的。儿女孝敬父母，不管条件好孬、力量大小，全心全意最重要。正如一幅著名的楹联所说的：“百善孝为先，原心不原迹，原迹贫家无孝子；万恶淫为首，论迹不论心，论心世上少完人。”

1.12　亲所恶，谨为去。

【字训】

“恶”，wù，不喜欢，讨厌，憎恶。

“去”，除去，去掉。

【义解】

父母不喜欢的，就应该小心地替他们避免和排除。

【引典】

《孝经·纪孝行》："孝子之事亲也，居则致其敬，养则致其乐，病则致其忧，丧则致其哀，祭则致其严，五者备矣，然后能事亲。"

《逊诫斋集·杂诫第二十一章》："孝子之爱亲，无所不至也。"

【事迹】

《隋书·皇甫绩列传》记："绩三岁而孤，为外祖韦孝宽所鞠养。尝与诸外兄博奕，孝宽以其惰业，督以严训，愍绩孤幼，特舍之。绩叹曰：'我无庭训，养于外氏，不能克躬励己，何以成立？'深自感激，命左右自杖三十。孝宽闻而对之流涕。于是精心好学，略涉经史。"

【评议】

作为子女，尽孝当想父母之所想，好其所好，恶其所恶，不让他们看到他们所不愿意看到的东西，努力为他们去除心头之患。父恩子还，父仇子报，做子女的有这个义务，不容推卸。

真正孝顺的子女，一般都会钻进父母的心里去，不用吩咐，无需指派，就知道自己该为父母做点啥了。孝心先于孝行，主动体贴一下父母、试着揣摩一下他们的想法，其实已经尽了一半的孝。

1.13 身有伤，贻亲忧。

【字训】

"贻"，遗留，留下；送给，赠送。

"忧"，愁，忧愁，忧虑；担忧，害怕。

【义解】

假如我们的身体受到损伤，就会给父母带来忧愁，让他们于心不安。

【引典】

《礼记·哀公问》，孔子曰："君子无不敬也，敬身为大。身也者，亲之枝也，敢不敬与？不能敬其身，是伤其亲；伤其亲，是伤其本；伤其本，枝从而亡。"

《礼记·祭义》，曾子曰："身也者，父母之遗体也。行父母之遗体，敢不敬乎？"

《礼记·曲礼上》："父母存，不许友以死。"

《孝经·开宗明义》："身体发肤，受之父母，不敢毁伤，孝至始也。立身行道，扬名於后世，以显父母，孝之终也。"

【评议】

血亲关联可以牵引出人伦关联，骨肉之身先天地就已经涵摄了亲情秩序。

我们的身体是父母精气骨血的自然延伸，爱护自己的身体也是对父母的尽孝。父母所赐，皆当善待。身体、生命是父母给予我们的最宝贵的东西,没有任何理由不加珍惜。

君子"能敬其身,则能成其亲矣"(《礼记·哀公问》)。所以,善待自己,爱惜自己,千万不要以为你的身体只是你一个人的。伤害身体的傻事,一件都不要干!抽空多运动,健康最重要。忙不是借口,腾不出时间锻炼,就得腾出时间住院。

1.14 德有伤,贻亲羞。

【字训】

"德",道德,品德,德行。

"羞",羞耻,耻辱;害羞,难为情,不好意思。

【义解】

如果我们的品德有了缺陷,就会给父母留下遗憾,让他们蒙受羞辱,丢了脸面。

【引典】

《礼记·祭义》,夫子曰:"壹出言而不敢忘父母,是故恶言不出于口,忿言不反于身。不辱其身,不羞其亲,可谓孝矣。"

《孝经·天子章》,子曰:"爱亲者,不敢恶于人;敬亲者,不敢慢于人。"

《礼记·祭义》,曾子曰:"父母既没,慎行其身,不遗父母恶名,可谓能终矣。"

【评议】

曾子说："孝有三，大孝尊亲，其次弗辱，其下能养"（《礼记·祭义》）。这里，对父母真正的孝至少包括三个层次，赡养父母、物质供给只是底线要求，在此基础上还要不让他们蒙受耻辱，如果你疼爱父母，就检点自己的行为，免得让他们丢脸、难为情。而最高境界则应该是发自内心地尊敬他们。

儒家的修身养性从来都不是只为自己，其作用是渗透性的，其目的是多维的，其效果的关联度也高，辐射面更大。儒家的个体私德始终有深度、有厚度、有广度，可以与血亲伦理相干，可以与社群公德相统一，甚至还可以促进整个人类善良品格的积极塑建。

1.15 亲爱我，孝何难？

【字训】

"爱"，喜欢；宠爱。

"难"，困难，不容易。

【义解】

父母亲始终是疼爱我的，这样，我孝敬他们，还有什么困难可讲吗？！

【引典】

《礼记·祭义》："父母爱之，喜而弗忘。"

《大戴礼记·曾子大孝》，曾子曰："父母爱之，喜而不忘"。

【评议】

做子女的孝顺父母是无条件的，理所应当。不能因为受到父母的宠爱就沾沾自喜，而不知道感恩、忘记尽孝。

亲爱我，无前提；我孝亲，就应当。

亲爱子孝，伦理法则中有没有一条可逆的因果锁链都无所谓，不能进行由此及彼或由彼及此的双向推导也没关系，重要的则是它们都被原始儒家做了血亲化的过滤和情感化的处理。这是孔子伦理秩序建构的高妙所在。

1.16　亲憎我，孝方贤。

【字训】

"憎"，厌恶，恨。增刻本作"恶"。

"贤"，有才德或有见识的人；超过，胜过。

【义解】

即使父母亲讨厌我，我仍然用心尽孝，那才显示出我超过别人的品格呢。

【引典】

《礼记·祭义》："父母恶之，惧而无怨。"

《大戴礼记·曾子大孝》，曾子曰："父母恶之，惧而无怨。"

【事迹】

《论语·先进》,子曰:"孝哉闵子骞!人不闲于其父母昆弟之言。"

《二十四孝》记:"闵子骞兄弟二人,母死,其父更娶,复有二子,子骞为其父御车,失辔,父持其手,寒,衣甚单。父则归,呼其后母儿,持其手,衣甚厚温。即谓其妇曰:'吾所以娶汝,乃为吾子,今汝欺我,去无留。'子骞前曰:'母在一子单,母去四子寒。'其父默然,而后母亦悔之。"

【评议】

父母总是疼爱子女的,如果他们一时不喜欢我,我就应当这样反省一下:肯定是因为我自己做错了什么,我不应该惹父母不高兴,不应该让他们讨厌我。

在父母一时不喜欢我的情况下,是孝顺,还是放弃,考验着我的人品。正确的态度显然是:发自内心地敬畏他们,谨慎行事,唯独害怕自己再次犯错误,于是,一如既往地尽孝,而且还要做得更好,没有半点怨言。

1.17.1 亲有过,谏使更;

1.17.2 怡吾色,柔吾声。

【字训】

"过",错误,过错,过失;犯错误。

“谏”，规劝在上者，如君王、尊长，使其改正错误。

“更”，改变，更换。“使更”，静虚堂本作“以几”。

“怡”，愉悦，愉快；使愉悦，使愉快。

“怡吾色”，静虚堂本作“气则下”。

“柔吾声”，静虚堂本作“色则怡”。

【义解】

如果父母有了过错，做子女的一定要劝告他们改正。劝告的时候，应该和颜悦色，语气轻柔平和。

【引典】

《论语·为政》，子夏问孝，子曰：“色难。有事，弟子服其劳。有酒食，先生馔。曾是以为孝乎？”

《礼记·祭义》，曾子曰：“父母有过，谏而不逆。”

《礼记·内则》：“父母有过，下气怡色，柔声以谏。谏若不入，起敬起孝，悦则复谏；不悦，与其得罪于乡党州闾，宁孰谏。父母怒，不悦，而挞之流血，不敢疾怨，起敬起孝。”

《礼记·祭义》：“孝子之有深爱者，必有和气，必有愉色。有愉色者，必有婉容。”

《小戴礼记·祭法》：“孝子之有深爱者，必有和气。有和气者，必有愉色。有愉色者，必有婉容。”

【评议】

色难本于心难。孝顺父母，并不难在赡养供给方面，而难在子女自己所表现出来的脸色语气方面。对父母有敬爱、尊重之心，则一定会和其颜、悦其色，自然流露，不待伪装。

人皆有错，即便父母、尊长、皇帝老子，也不可能什么都是对的。

做子女的，也应该正确对待自己亲生父母的过错，理性面对，不必回避、躲让，也不可硬批严责。劝其改正，要分清时间场合，注意方式方法，点到即止，留有余地，不可抓住不放，不可穷追猛打，尽量让他们平和接受，心服口服，不能把他们逼出身心问题来。

1.17.3 谏不入，悦复谏；

1.17.4 号泣随，挞无怨。

【字训】

“悦”，喜欢；使愉快。

“悦复谏”，清麓本作“说复谏”。

“号”，háo，高声叫，拖长声音叫；（大声）哭，放声大哭。

“泣”，眼泪；小声儿有泪地哭。

“挞”，tà，（用鞭、棍）打。

【义解】

如果父母不接受我的劝告，那就等到他们心情好的时候再说。如果父母固执不听，有孝心的子女就会哭泣着恳求他们改过，即使遭到他们的打骂，也不能心生怨恨。

【引典】

《礼记·曲礼下》:“为人臣之礼,不显谏,三谏而不听,则逃之。子之事亲也,三谏而不听,则号泣而随之。”

《礼记·内则》:“谏若不入,起敬起孝。说,则复谏;不说,与其得罪于乡党州闾,宁孰谏。父母怒,不说,而挞之流血,不敢疾怨,起敬起孝。”

《小学诗礼·事亲》:“父母或有过,柔声以谏之,三谏而不听,则号泣而随。”

【评议】

上不义,下可徙。皇上犯错,臣下可以劝谏,如果皇上一再不改,臣下还可以选择急流勇退,辞职走人。但父母犯错,子女则不可能不认父母,不可能断绝血缘关系,必须想尽一切办法助其匡正。

父母认识并改正错误,可能也需要一个过程。不断地劝说,不断地重复,有助于他们纠过图新,但也必须看准时机,看他们心情好了,就立马规劝,效果最佳。而遇到太固执的父母,放声大哭一场,甚至被他们打了,也不能心生埋怨,仍要对他们尽孝,“谁叫我是他们的子女呢”。

儒家力倡孝道,但并不认为父母是圣人,啥事都对,更不排除父母出错、有过甚至犯罪的可能性,而敢于直面事实,能够因人因时因事地作适当处理。情节轻者,做子女的则一劝再劝,争取让其迷途知返;情节重者,做子女的则可以亲亲相隐,“父为子隐，子为父隐”（《论语·子路》），绝不主张大义灭亲，至于主动告发、当庭举证都是不孝的行为。因而，“孝子扬父之美，不扬父之恶”（《春秋穀梁传·隐公元年》）便成为孝道的又一项基本要求。

1.18 亲有疾，药先尝；昼夜侍，不离床。

【字训】

“疾”，病，毛病；生病，患病。

“亲有疾”，静虚堂本作“亲有病”。

“侍”，shì，陪伴在尊长的旁边；服侍，侍奉，侍候。

“床”，清麓本、津河本、听雨堂本、静虚堂本、昌文本均作“牀”。

【义解】

父母生病了，汤药煎好后，做子女的一定要先尝尝。当父母卧床不起的时候，则应该不分白天黑夜，侍奉在他们的身边，寸步不离。

【引典】

《礼记·曲礼下》：“君有疾，饮药，臣先尝之。亲有疾，饮药，子先尝之。医不三世，不服其药。”

《礼记·文王世子》：“文王有疾，武王不说冠带而养。文王一饭，亦一饭；文王再饭，亦再饭。”

《仲长子昌言·群书治要》:“人之事亲也,不去乎父母之侧,不倦乎劳辱之事……于其体之不安,则不能寝;于其餐之不饱,则不能食。”

【评议】

“亲有疾”在今天,做儿女的已经不太可能“药先尝”了,但仍可以在父母吃药前帮其检查一下水烫不烫、核实一下药的剂量。《袁氏世范·睦亲》说:“人之孝行,根于诚笃。虽繁文末节不至,亦可动天地、感鬼神。”尽孝没有固定的礼数,只要尽其心、竭其意,任何方式都是恰当的。

平日孝顺谁都能,病榻旁边见孝子。现代人经常以忙为理由,父母生病也不能陪伴在其身边,更不可能服侍、照顾他们了,这其实是一种不孝的行为。在许多人心里,工作第一,还是亲情第一,家庭价值与事业价值孰轻孰重,始终都没有摆正过,人性之迷失,久矣!

1.19 丧三年,常悲咽,居处变,酒肉绝。

【字训】

“丧”,死亡,逝去。

“咽”,yè,呜咽,声音悲凉、凄切。

“变”,变化,改变。复性斋本、清麓本、津河本、武昌本、静虚堂本、增刻本均作“辨”,意为辨析、辨认、区别。

【义解】

父母去世了，做子女的应当守丧三年。常常因为想起父母亲的音容笑貌、养育教诲，而忍不住伤心痛哭。这期间，自己的住处也应该简朴，夫妻分床，不喝酒，不吃肉，停止一切享乐活动。

【引典】

《礼记·三年问》："三年之丧，人道之至文者也。"

《论语·阳货》，孔子曰："夫君子之居丧，食旨不甘，闻乐不乐，居处不安，故不为也。"

《孝经·丧亲》："孝子之丧亲也，哭不哀，礼无容。言不文服美不安，闻乐不乐，食旨不甘，此哀戚之情也。"

【评议】

父母去世，做儿女的要守孝三年。《论语·阳货》中，孔子说，"三年之丧，天下之通丧也"，为什么呢？孔子说："子生三年，然後免於父母之怀。"儿女出生后，父母抱他们至少三年才能下地自由行走。等到父母死了，做儿女的为他们守孝三年也是应该的。守孝是报恩，长短有底线。血缘亲情不可忘记，养育之恩不可不报。

《礼记·三年问》曰："三年之丧何也？曰：称情而立文，因以饰群，别亲疏、贵践之节，而不可损益也。故曰：无易之道也。"守孝没有三年，就不足以分别出究竟谁是家属谁是外人、谁可以亲近谁必须疏远、谁德行尊贵谁品格低贱。

显然,“三年之丧”的礼制已经从血亲情感的一种不可避免的内在要求演变为衡量人们道德水准的一个外在尺度。

1.20.1　丧尽礼,祭尽诚;

1.20.2　事死者,如事生。

【字训】

“尽”,竭尽,全部使出或用出;达到极限或定点。

“诚”,真心,真诚,满心满意。

【义解】

办理父母的丧事,要完全合乎礼制规范。祭祀他们的时候,要竭尽诚意。对待逝去的父母,要像对待他们生前一样尽到孝心。

【引典】

《孟子·万章上》:“大孝终身慕父母。”

《论语·八佾》:“祭如在。”

《论语·子张》,子张曰:“祭思敬,丧思哀。”

《礼记·问丧》:“丧礼,唯哀为主矣。”

《礼记·祭义》:“文王之祭也,事死者,如事生。”

《孝经·纪孝行章》,子曰:“孝子之事亲也,居则致其敬,养则致其乐,病则致其忧,丧则致其哀,祭则致其严,五者备矣,然后能事亲。”

《孝经·丧亲章》:“生事爱敬,死事哀戚,生民之本尽矣,死生之义备矣,孝子之事亲终矣。”

【评议】

父母丧事办得好与坏,讲的不是排场,比的不是奢华,而主要看是否符合礼制要求,能不能贯穿一个“哀”字,有没有最大限度地表现出自己的悲痛心情。

慎终追远,人之常情,礼之必须。祭祀先人、逝者,主要看能不能做到敬重与真诚,并不在乎祭品的丰盛与否、是荤是素。儿女对父母的孝心,不能因为他们不在人世了就可以大打折扣。

第二章　出则弟

2.1　兄道友，弟道恭。

【字训】

"友"，相亲，相爱。

"道"，道义，道理，规矩，法则。

"恭"，恭敬，谦逊有礼貌。

【义解】

做哥哥的道理，就在于能够亲爱、友善地呵护自己的弟弟；做弟弟的道理，就在于尊敬自己的兄长，谦逊而有礼貌。

【引典】

《尚书·周书·君陈》："友于兄弟。"

《春秋左传·昭公二十六年》，晏子曰："兄爱而友，弟敬而顺。"

《新书·道术》："兄敬爱弟谓之友"，"弟敬爱兄谓之悌。"

《劝忍百箴·兄弟之忍》："兄友弟恭，人之大伦。"

《颜元集·颜习斋先生言行录》:“兄友者,不问弟之恭不恭,惟知爱弟也;弟恭者,不问兄之友不友,惟知敬兄也。”

【评议】

人活世上,做事有做事的道,做人有做人的道。兄有兄道,弟有弟道;各尽其道,就有好报;不遵其道,早晚祸嚣。

哥哥对弟弟如果能够做到亲爱、友善,呵护有加而不是为大不正、以大欺小,也就算尽到了“兄道”。弟弟对哥哥如果能够恭敬、谦逊,顺从其意,尊重其人而不是违拗不服,那也就算尽到了“弟道”。

兄弟一伦,是个体之间在相互平等关系基础上建立起来的行为规范与交往法则。兄弟相处,一定要掌握“共同”的原则,心齐意诚,商量决断,协调做事,相互拉扯,彼此照应,合作共赢,愉快分享。

2.2　兄弟睦,孝在中。

【字训】

“睦”,mù,和睦,友好。

“中”,当中;内;里面,里头。

【义解】

兄弟之间和睦相处,也算是对父母尽了孝道。

【引典】

《论语·子路》:“朋友切切偲偲,兄弟怡怡。”

《礼记·礼运》:“父子笃,兄弟睦,夫妇和,家之肥也。”

《传家宝·吉征》:“父子竭力山成玉,兄弟同心土变金。”

【评议】

一娘所生,自幼相伴,日久情深。《传家宝·人事通》曰:“兄弟同胞共乳,古称手足,全要敬爱。”因为有共同的血缘基础,兄弟之间的关系理当情如手足。兄弟和,则家有幸。兄弟反目,则鸡犬不宁,外人欺负。所以,兄弟连心可以断金。

《左传·僖公二十四年》记:“兄弟虽有小忿,不废懿亲。”血浓于水,兄弟之间,骨肉相连,情同手足。兄弟有矛盾,最好自己协调好、解决好,而不要让父母觉察出来,以免他们操心、伤心。父母不在,兄弟则更应顾念亲情,相互关照,彼此帮扶,所以《颜氏家训·兄弟》说:“二亲既殁,兄弟相顾,当如形之与影、声之与响。”

《诗经·小雅·常棣》曰:“兄弟阋于墙,外御其侮。”兄弟不和,仅相争于室内,一旦有外侮,则应当同心协力,一致抗击和抵御。兄弟一伦,内不和,外无隙,终归是一家。

2.3 财物轻,怨何生?

【字训】

“轻”,分量小,价值贱;看轻,轻视。

"怨",责怪;埋怨,抱怨;怨恨。

【义解】

如果都能把钱财物品看得轻点,人与人之间怎么会产生怨恨呢?

【引典】

《论语·里仁》,孔子曰:"富与贵,是人之所欲也;不以其道得之,不处也;贫与贱,是人之所恶也;不以其道得之,不去也。君子去仁,恶乎成名。君子无终食之间违仁,造次必於是,颠沛必於是。"

《春秋繁露·对胶西王》:"正其道不谋其利,修其理不急其功。"

《中论·魏相》:"见利争让,闻义争为。"

《陆平原集·要览》:"势利之交,难以经远。"

《李太白集·赠友人》:"人生贵相知,何必金与钱?"

【事迹】

《史记·伯夷列传》记:"伯夷、叔齐,孤竹君之二子也。父欲立叔齐。及父卒,叔齐让伯夷。伯夷曰:'父命也。'遂逃去。叔齐亦不肯立而逃之。国人立其中子。"

【评议】

邵雍《伊川击壤集·义利吟》曰:"君子尚义,小人尚利。尚利则乱,尚义则治。"

无论是在家与兄弟相处,还是走出家门与外人交往,都不能把钱财物品看得太重。日常生活虽然离不开钱财物品,但在这个世界上永远都有钱财物品换不来的东西，比如感情、道义、生命、爱心。

君子爱财，取之有道。把身外之物看淡一点，人际矛盾就会减少一点。当我与别人为钱财物品相争不下的时候，进一步天昏地暗，退一步海阔天空。

2.4　言语忍，忿自泯。

【字训】

“忍”，容忍，忍耐，忍受，忍让；克制，压抑。

“忿”，fèn，忿恨，恼怒。

“泯”，mǐn，灭，亡；尽，没。

【义解】

讲话时，彼此都能够忍让一点，愤恨、恼怒就会自然消失。

【引典】

《易传·系辞下》：“吉人之辞，寡；躁人之辞，多。”

《人谱类记》：“喜时之言多失信，怒时之言多失礼。”

《荀子·儒效》：“行忍情性，然后能修。”

《传家宝·谨身要法·充量》：“有容德乃大，有忍事乃济。盖容则恕人，忍则耐事。一毫之拂，即勃然而怒；一事之违，即愤然而发；一善之长，即为炫暴；一言之誉，即为动容，皆无涵养之力、薄福之人也。昔人谓‘量随识长’，闻事不喜、不惊，乃可以当大事。”

《劝忍百箴·气》:“气动其心,亦蹶亦趋,为风为大,如鞴鼓炉。养之则成君子,暴之则成匹夫。一朝之忿,忘其身以及其亲,非惑欤?”

【事迹】

《忍经》记:“潞州有一农夫,五世同居。太宗讨并州,过其舍,召其长,讯之曰:‘若何道而至此?’对曰:‘臣无他,唯能忍尔。’太宗以为然。”又,“张公艺九世同居,唐高宗临幸其家。问本末,书‘忍’字以对。天子流涕,遂赐缣帛。”

【评议】

社会交往离不开语言,但许多时候都是少说为佳,言多必失,祸从口出,坏话难听,恶语伤人。所以,君子言语谨慎,倍加小心,能不说则不说,非说不可才说说,能少说的绝不多说。

人心七情(喜怒哀乐忧恐思)中,忍于“怒”一直是一件很不容易的事情。人有怒火,人要发火,都很正常。但发怒、发火不能任情随意。假如怒火不扑灭,产生的后果则非常令人恐惧。大的怒火能引发国与国之间的征伐与战争,小的怒火则能导致人与人之间的纠纷与夺斗。

人要发火,一定首先慎重想一想可能导致的后果,特别应该想一想自己的父母、子女,他们的幸福都维系在你这一刻的性情态度上,这样就可以大大降低愤怒爆发的概率。

2.5　或饮食，或坐走，长者先，幼者后。

【字训】

“先”，在先，先行；次序在前。

“后”，后面，后头；次序在后。

【义解】

不管是吃的，还是喝的，都要请长辈先用；也无论是坐下，还是走路，都是晚辈在后。

【引典】

《孟子·滕文公上》：“长幼有序。”

《论语·乡党》：“乡人饮酒，杖者出，斯出矣。”

《礼记·祭义》：“居乡以齿，而老、穷不遗。”

《礼记·内则》：“立敬自长始，教民顺也。”

《小学诗礼·事长》：“君子容舒迟，见尊者齐遬。足重而手恭，声静而气肃。”

【评议】

和谐的社会肯定是一个有序的社会。任何时代，按年龄、别长幼都是最基本的伦理要求。长幼不分，必然危及父子一伦、君臣一伦，家庭必乱，天下必乱。安乐享受、福利待遇，好事来了、机会面前，年少者别跟年长者争，因为你们还有更多的时间可以等待下一次。

《礼记·祭义》曰:“军旅什伍,同爵则尚齿。”日常生活中,许多事情的处理,如果其他标准都试过了,搞不定、摆不平,不妨就序齿,或许最有效,或许谁都服气。

序齿,人人都要老,机会均等,有个时间差而已,尊重并接受先后之别,大家的分歧最小,最容易达成一致,因而便成为一条重要的处事方法与调解原则。

2.6 长呼人,即代叫;人不在,己即到。

【字训】

“长”,zhǎng,长者。

“叫”,昌文本、周氏本作“呌”。

“己”,自己,本人,我。

“即”,昌文本作“先”。

【义解】

长辈如果在喊人,自已应该立即帮助代叫一下。如果所叫的人不在,自己也应该立即跑来禀报长辈一声。

【引典】

《童子礼·侍坐》:“凡侍坐于尊长,目则常敬候颜色;耳则常敬听言论。有所命,则起立。尊长有倦色,则请退。有请与尊长独语,则屏身于他所。”

《童子礼·随行》:“侍尊长行,必居其后,不可相远,恐有所问。如问已及，稍进于左右，以便应对。目之瞻视，必随尊长所向。有所登陟，则先后扶持之。与之携手而行，则以两手捧而就之。遇人于途，一揖即别，不得舍尊长而与之言。”

【评议】

德行养成必须从小事做起。许多人平时大大咧咧惯了，啥都不讲究，什么都无所谓，总指望遇到大事情、在紧要关头一下子就能成圣成贤。其实，大行不弃小德，越是小处越能体现一个人的内涵素质。

刘备说：“勿以恶小而为之，勿以善小而不为”。小事上不修为，一旦紧要关口，肯定乱成一团。细节处马虎，大局也好不到哪里去，弘道进德便是扯淡。

2.7　称尊长，勿呼名。

【字训】

“称”，称呼，称作。

“呼”，叫，喊，称呼。

【义解】

对尊者、长者，不可以直呼其名，没大没小，不敬不畏。

【引典】

《童蒙须知·杂细事宜》：“凡对父母长上朋友，必称名。凡称呼长上，不可以字，必云某丈，如弟行者，则云某姓某丈。”

《养蒙便读·事长》：“待于亲长，声容易肃，勿因琐事，大声呼叱。”“对长者言，己必称名；言长者事，讳名勿称。”

【评议】

传统礼教一向要求人们必须恰当地称呼别人的名字，这是文明族群的标志之一。年纪不只是时间刻度，而是有生活内容与人文意义的。对年纪大的长辈，必须使用尊称、敬称，而不能直呼其名，不能大喊小叫。比我先来到人世的，就有资格得到这份尊敬。

现代社会，对待长辈、上级，一般都指称到姓，不宜具名。只有亲戚之间、朋友之间、同学之间、战友之间、特别熟悉的人之间才可以直呼其名，以示亲切。越是可以大呼小叫其名的人，关系就越亲密，感情也越深。

2.8 对尊长，勿见能。

【字训】

“对”，答话，回答；向着，对着。

“见”，xiàn，通“现”，表现出，显示出。

【义解】

在尊者、长者面前，回答他们的提问，不要炫耀自己的才能，目无尊长，鄙视前辈。

【引典】

《礼记 · 曲礼上》:“长者问,不辞让而对,非礼也。”

《童子礼 · 随行》:“侍尊长行,必居其后,不可相远,恐有所问。如问已及,稍进于左右,以便应对。目之瞻视,必随尊长所向。”

【评议】

做人不容易,做下属、做晚辈更不容易。领导面前,长辈面前,究竟应该如何表现自己呢?既要表示出对他们的充分敬重和仰慕,又要不失时机、恰到好处地展示出自己的才华和能力。太谦虚了是拘谨,太张扬了是炫耀,过犹不及,允执其中。

很多领导不太喜欢有才能的下属,而喜欢听话的下属,这是当今中国的一个怪现象。据说有才能的智商高,听话的情商高,各自如何发挥才能有效推动社会进步,值得深究。

2.9.1　路遇长,疾趋揖;

2.9.2　长无言,退恭立;

2.9.3　骑下马,乘下车;

2.9.4　过犹待,百步余。

【字训】

“揖”,yì,拱手行礼。

“骑”，跨坐（马、驴、骡等）；骑马的兵，骑马的人。

“待”，等，等候。

【义解】

在路上遇见长辈，要快步走上前去行礼问候。如果长辈没什么吩咐，就退到路边恭恭敬敬地站着，让长辈先走过去。如果自己骑着马，就应该立即下马；如果自己是乘坐车辆的，就应该立即下车。等长辈走过去大约百步之外，自己才动身。

【引典】

《礼记·曲礼上》：“从于先生，不越路而与人言。遭先生于道，趋而进，正立拱手。先生与之言，则对；不与之言，则趋而退。”

《礼记·祭义》：“行，肩而不并，不错则随。见老者则车、徒辟。班白者不以其任行乎道路，而弟达乎道路矣。”

《童蒙须知·杂细事宜》：“凡道路遇长者，必正立拱手，疾趋而揖。”

【评议】

中国古代人行拱手礼，一弯腰，一作揖，既用身体语言表示出热情友好，又在彼此之间保持了合理距离，还算是一种比较文明的交际方式。

现代人见面，大多相互握手，也不先问一问对方的手是否干净，彼此都作了一个虚拟的肯定性假设，以为对方的手是干净的。而握过手之后，也不洗一洗，就该干吗干吗，其实是很不卫生的。守护传统文化，不妨从恢复拱手礼开始。

礼乐文明是一个全息的系统，可以体现于国家民族的政经体制，也可以渗透到寻常百姓的日用生活。老祖宗创造过许多文明传统，值得今天的我们挖掘、发扬。

对传统的继承，不在表面形式，而在内在精髓。许多日用常行的规范要求，始终与人类相伴随，古今一致，万世不变。现代人“路遇长”，变的是“疾趋揖”、“乘下车”、“过犹待”，因为交通工具与道路环境更新了、生活节奏加快了，而不变的则是对尊长的敬重之情，依然必不可少。

2.10　长者立，幼勿坐；长者坐，命乃坐。

【字训】

“立”，站立，站着。

“勿”，静虚堂本作“无”。

“命”，命令，指示。

【义解】

长辈还站着，晚辈就不能坐下来；等长辈坐定之后，叫我坐下了，我才可以坐下来。

【引典】

《童子礼·侍坐》：“凡侍坐于尊长，目则常敬候颜色；耳则常敬听言论。有所命，则起立。尊长有倦色，则请退。”

《四字经》:“乡党尊长,礼所恭敬。席尊上坐,路让前行。莫戏莫侮,最宜小心。”

【评议】

晚辈对尊长的敬重,必须体现在每一个日常动作中。于是,礼教对人们的行走坐卧都有严格的要求,细致而入微,具体而详尽,可谓不厌其烦。这虽难免压抑青年活力、禁锢社会创新之嫌,但对于人伦秩序建构及社会稳定和谐却大有助益。

这么严格的要求,初看似乎繁文缛节,其实,习惯了,也就好了。人伦之理,最初都起源于民间风气、乡土习俗,很难说对不对、错不错,大家都这么做,也就跟着做。只要适应了,也就认同了;只要认同了,也就可以被上升为普遍的生活教条了。

2.11.1 尊长前,声要低,低不闻,却非宜。

【字训】

“要”,清麓本、静虚堂本作“贵”。

“闻”,听见,听到。

“宜”,适宜,恰当,合适;应当,应该。

【义解】

在长辈面前讲话,声音一定要低;但如果声音太低了,以至于让他们听不清楚,也不合适。

【引典】

《礼记·曲礼上》:“长者问,不辞让而对,非礼也。”

《童蒙须知·语言步趋》:“凡为人子弟,须要常低声下气,语言祥缓,不可高言喧哄,浮言戏笑。”

《童子礼·侍坐》:“有请与尊长独语,则屏身于他所。”

【评议】

说话,不仅要遵守必要的语法习惯,而且也应该体现出一定伦理要求。

如何跟长辈说话?这在今天的许多年轻人那里,并不以为是一个问题,因为他们总觉得:想怎么说就怎么说呗。实际上,传统礼教对此也有明确的规定。

儿女再有钱有权势,跟父母说话,也不应该气指颐使。父母有过,也不应该大声训斥他们。父母年纪大了,跟不上时代,遇到新潮事物,儿女应该耐心解释,低声细语,千万不要不耐烦。

跟父母说话是有讲究的,居高临下、盛气凌人、命令式的口吻,肯定非孝子所为。

2.11.2　进必趋,退必迟。

【字训】

“进”,向前移动;上前,前进。

“趋”,快步走,快步跑步;奔赴,奔向。

“退”，后退，退却。离去，离开。

“迟”，慢，缓慢；迟钝，不灵敏；迟疑，犹豫。

【义解】

进见长辈时，走路要快点；而告退时，则要缓慢一些。

【引典】

《礼记·曲礼上》：“见父之执，不谓之进，不敢进；不谓之退，不敢退；不问，不敢对。”

《童蒙须知·语言步趋》：“若父母长上有所唤召，却当疾走而前，不可舒缓。”

《童子礼·进退》：“凡见尊长，不命之进，不敢进；不命之退，不敢退。进时，当鞠躬低首，疾趋而前。其立处不得迫近尊长，须相离三四尺，然后拜揖。退时，亦疾趋而出，须从旁路行，毋背尊长。且当频加回顾，恐更有所命。”

《童子礼·应对》：“凡尊长呼召，即当随身而应，不可缓慢。坐，则起；食在口，则吐；地相远，则趋而近其前。”

【评议】

如何跟长辈见面？也是一个颇有讲究的问题。

进见长辈，要小跑上前，显得迫不及待，或急于感恩回报，思之甚切，或急于获得教诲，寻求精神滋养；而告退下来，则应该念念不舍，依依作别，最好表现出无可奈何的样子。

日常生活中，这样的一举一动，没法表演，装是装不出来的，要发自本心、由内而外才行。

2.11.3　问起对，视勿移。

【字训】

“起”，起来，起立；由坐、卧而站立。

“对”，答，回答，应答。

“视”，看，用眼睛看；对视，注视。

“移”，挪动，迁移；变化，改变。昌文本作“疑”，似误刻。

【义解】

长辈问话的时候，要站起来回答；眼睛要注视着长辈，不要左顾右盼。

【引典】

《小学诗礼·事亲》：“父立则视足，父坐则视膝，应对言视面，立视前三尺。”

《童子礼·应对》：“凡尊长呼召……有问，则随事实对，且掩其口。然须听尊长所问，辞毕方对，毋先从中错乱。对讫，俟尊长有命，乃复原位。”

《养蒙便读·事长》：“先生有问，辞毕而对，敬陈所见，词必谦退。”

【评议】

晚辈回答长辈的问话，从神情、态度，到措词用语，再到言说内容，都要认真谨慎，不可敷衍了事。

传统礼教对晚辈回答问题的姿势、目光、态度、语气都有具体的要求。不是坐着,而是站起来,表示心怀充分的尊敬;眼睛不斜视,目光正对着长辈,表示精神集中、很专注。爱理不理地支吾其词,极不耐烦地搪塞两句,都不是正确的态度,必须摒弃。

2.12 事诸父,如事父。

【字训】

“事”,服侍,服事;为……服务。

“诸父”,父亲的同宗兄弟,如伯父、叔父;古代天子对同姓诸侯、诸侯对同姓大夫,皆尊称为“父”,多称为“诸父”。

【义解】

侍奉同宗的叔父、伯父,要像侍奉亲生父亲一样,恭敬孝顺。

【引典】

《礼记 · 曲礼》:“年长以倍,则父事之;十年以长,则兄事之。”

《小学诗礼 · 事长》:“年倍,事以父。”

《传家宝 · 待同宗》:“同宗共脉莫生疏,万叶千枝总一株。何必争雄伤大义,放些柔弱乐何如?”

【评议】

血缘伦理,骨肉情深,亲亲为大,宗族优先,这是儒家仁道立学、礼义立教的一大特色与基本倾向。

伯父、叔父之类，虽然不是我的父亲，但也是我父亲的同宗兄弟，与我也有浓厚的血缘关系。我对待他们，也应该像对待父亲一样，孝顺、敬重，不能因为隔了一层，就有所分别。

至于家族以外的人，年纪大我一倍左右的，一律按照父亲的礼数来对待；年纪大我十岁左右的，则一律按照兄长的礼数来对待，不得含糊。

2.13　事诸兄，如事兄。

【字训】

“诸兄”，所有同宗的兄长，堂兄；亲戚中，同辈而年纪比自己大的男子，如表兄、内兄、姻兄。

“兄”，哥哥；古代也指姊妹。

【义解】

为同宗兄长服务，要像为自己的亲兄弟服务一样，恭敬而顺从。

【引典】

《孝经·广至德》：“教以孝，所以敬天下之为人父者也。教以悌，所以敬天下之为人兄者也。”

《传家宝·敬家长》：“伯叔从来是大伦，分明不比外头亲。”“从兄从叔各宜亲，都是同宗共祖人。”

【评议】

同宗兄弟，虽非我父母所生，但与我的关系还算很近，仍然属于一个家族，血缘根基深厚，打断骨头还连着筋。对待他们，要跟自己兄弟一样，友好相处，和睦第一。而走出家门，对于那些年岁稍大于我的人，也应该待以兄长之礼，恭敬、友善而不可轻慢。

把“事兄”、“事诸兄”的态度延伸、扩展到家庭以外的社会上，便可以结交更多的志同道合、意趣相投者。《论语·颜渊》中，孔子曰：“君子敬而无失，与人恭而有礼，四海之内，皆兄弟也。”实际上，只要与人为善、尊重别人，从家庭，到宗族，到社会，直至走遍天下，到处都会有朋友。

第三章　谨

3.1.1　朝起早，夜眠迟。

3.1.2　老易至，惜此时。

【字训】

“朝”，zhāo，早晨。

“惜”，爱惜，珍惜；吝惜，舍不得。

【义解】

每天早晨要尽量早点起床，晚上则尽量迟点睡觉。光阴易逝，年轻人一转眼就成老年人了，所以要珍惜当下的宝贵时光。

【引典】

《管子·弟子职》：“少者之事，夜寐早作。”

《论语·子罕》，孔子曰：“逝者如斯夫，不舍昼夜。”

《易传·系辞上》：“日新之谓盛德。”

《淮南子·原道训》：“圣人不贵尺之璧，而重寸之阴，时难得而易失也。”

《童蒙须知·杂细事宜》:“凡子弟,须要早起晏眠。”

《菜根谭·二二二》:“子弟者,大人之胚胎。秀才者,士大夫之胚胎。此时若火力不到,陶铸不纯,他日涉世立朝,终难成个令器。”

《传家宝·安乐铭》:“顽石琢成美器,铁杵磨成绣针。趁着年轻力壮,不可虚度光阴。莫待老来衰败,吁嗟怨悔伤情。”

《蕉轩随录·卷五》:“慎起居,劳惫之躯当惩既往,稚弱之质宜戒将来。正心以清其源,窒欲以遏其流,如是而已。”

《钝吟杂语·卷二》:“进德修业,只懈怠处,便是堕落处。”

【评议】

人活世间三万天,不知不觉就一天。总把抱负托明天,浑浑噩噩归西天。

儒家者流,入世有为、乐观进取,始终传递着一种健康、向上、劝善、成德的正能量。

人是向死的存在。从生到死一转眼,犹如白驹过隙,与其抓紧时间寻欢作乐,今朝有酒今朝醉,无所事事一辈子,还不如珍惜辰光,多做好事,行善积德,留点念想给后人,在有限的生命跨度里尽量释放出自己的价值光辉,寄托于仁道正义的崇高与伟力,让短暂、渺小的个我在浩瀚的历史长河里获得延伸,由此而实现超越,达到永恒。

3.2.1 晨必盥，兼漱口；

3.2.2 便溺回，辄净手。

【字训】

“盥”，guàn，洗手；洗手的器具。

“漱”，shù，洗洁；冲刷；喷洒。

“溺”，niào，尿；nì，淹没，沉迷。

“辄”，zhé，即；就；便。

【义解】

每天早上起床后，必须洗脸净面，同时也要刷牙漱口；解完大小便后，应该立即把手洗干净。

【引典】

《管子·弟子职》：“既拚盥漱，执事有恪。”

《童子礼·盥栉》：“晨兴即当盥栉，以饰容仪。……栉发，必使光整，勿散乱，但须敦尚朴雅，不得为市井浮薄之态。”

《传家宝·童礼知要》：“每日清晨早起先洗面，以饰容仪。”

《童蒙须知·杂细事宜》：“凡如厕，必去外衣；下，必盥手。”

【评议】

干净，是人类进步的必然要求，因而一定与文明程度成正比。越发达的地区越干净，在那里，干净已不再简单地是一种卫生需要，而且更是一种审美需要，是一种容不得龌龊、近于苛刻的精神满足，几乎每一个角落都能让人看得下去。

养成干净好习惯，要从娃娃抓起，从日常生活的细节做起，早晨起来刷牙漱口，饭前便后一定洗手。讲究卫生的目的不仅是为了美化外在环境，更是为了关爱自己的生命，也就是说，首先是为自己，然后才是为别人。打扫自己，整理卧室，就是对健康负责，对身体负责，因而也就等于对父母尽孝心。

3.3.1 冠必正，纽必结；

3.3.2 袜与履，俱紧切。

【字训】

"正"，正确，端正，不偏，不斜。

"结"，系，结扎，扎缚。

"袜"，津河本作"韈"。

"履"，lǚ，鞋子。

"切"，近，切近，贴切。

【义解】

出门时，帽子要戴端正，穿衣服要把扣子纽好；鞋、袜都要穿得贴切，鞋带应该系紧。

【引典】

《论语·尧曰》："君子正其衣冠，尊其瞻视，俨然人望而畏之，斯不亦威而不猛乎？"

《礼记·曲礼上》:“毋不敬。”

《中论·法象》:“夫容貌者,人之符表也。符表正,故情性治;情性治,故仁义存;仁义存,故盛德著;盛德著,故可以为法象,斯谓之君子矣。”

《童蒙须知·衣服冠履》:“大抵为人,先要身体端整。自冠巾衣服鞋袜,皆须收拾爱护,常令洁净整齐。”“男子有三紧:谓头紧、腰紧、脚紧。”

《程董二先生学则》:“衣冠必整。勿为诡异华靡,毋致垢弊简率。虽燕处,不得裸袒露顶;虽盛夏,不得辄去鞋袜。”

《童子礼·整服》:“整衣欲衣直,结束欲紧,毋使偏斜宽缓,致失容仪。”

《传家宝·童礼知要》:“凡着衣,常加爱护,饮食须照管,勿令玷污。”“整衣欲直,结束欲紧,勿令偏斜。”

【评议】

文明人大多比较注重仪表。《诗经·曹风·鸤鸠》曰:“淑人君子,其仪不忒。其仪不忒,正是四国。”仪表之美非在外,而由内,只有善的德行才能够蕴涵美的仪表。杨雄《法言·重黎》记,“或问‘圣人表里’,曰:‘威仪文辞,表也;德行忠信,里也。’”

儒家要求,漂亮服饰应该与善德相匹配,《左传·襄公二十七年》记,“服美不称,必以恶终。”坏人穿得再好,也是道貌岸然。好人衣着再差,也掩盖不住德性光芒。刘向《说苑·修文》曰:“君子衣服中而容貌得,接其服而像其德。故望玉貌而行能有所定矣。”正人不尚奇装异服，君子不爱花里胡哨。

衣帽不论贵贱，遮体、暖和就行，尺寸合身就行。穿衣戴帽，不必彰显财富身价，但一定要端正整洁。你可以不修边幅，但不可以衣冠不整。衫褛凌乱，心绪不调。穿着邋遢，没人愿意接近。

做人要学会把自己最好的一面展示给别人。穿衣服未必都是秀给别人看的。衣服穿得好，自己的心情也会跟着好。衣服穿得好，也是对别人的一种尊重。

3.4　置冠服，有定位，勿乱顿，致污秽。

【字训】

“置”，搁，放，摆。

“顿”，安顿，安置。

“秽”，huì，污浊，肮脏。

【义解】

脱下来的帽子、衣服，应当放在固定的位置，不要随手乱丢乱放，以免弄脏了。

【引典】

《荀子·修身》：“食饮、衣服、居处、动静，由礼则和节，不由礼则触陷生疾。”

《童蒙须知·衣服冠履》：“凡脱衣服必齐整折叠。箱箧中勿令散乱顿放，则不为尘埃杂秽所污。”

《增广贤文》：“入门休问荣枯事，观看容颜便得知。”

陆贽《均节赋税恤百姓六条疏》：“地力之生物有大数，人力之成物有大限，取之有度，用之有节，则常足；取之无度，用之无节，则常不足。”

【评议】

千万别以为《弟子规》很无聊，连怎么挂帽子、怎么放衣服之类的琐事都要具体规定一番。实际上，《弟子规》所要训练和引导的就是一种态度，一种在与物打交道时正确对待物的心理准备。

儒家要求人们“仁民爱物”（《孟子·尽心上》），即对每一个人、对每一个物都要施以仁爱之心。不轻忽一人，不浪费一物。认真、谨慎甚至带着一份敬畏地对待每一个对象，而不是粗暴、野蛮地加以利用、开发、糟蹋甚至虐待。

每一个东西都有灵魂，都有良知，你怎么对待它，它就会怎么对待你，回报善恶，绝无亏欠。即用即扔，消而废之，暴殄天物，不是一种向善的生活方式，绝非君子所为。

一个女人，衣着光鲜，并不代表她家里就整洁。脏衣服成堆，碗筷要用才洗，被子常年不叠，房间懒得整理，这样走出家门去的女人就得用口红和香水掩盖自己。爱干净的女人，干净一大家子，自己、老公、孩子、屋里、车上全都干净没话说。

3.5.1　衣贵洁，不贵华；

3.5.2　上循分，下称家。

【字训】

“贵”，以……为价值高，以……为重要，看重。

“上”，上面，上等，场面上。

“循”，从，遵从，顺从，按照。

“分”，本分，身分，地位。

“下”，下面，底下；住，住下。

“称”，与……相适合、相匹配；符合，配合，适应。

【义解】

穿衣服注重的是干净整洁，而不是昂贵华丽。外出着装要符合自己的身分，在家穿衣则必须与自己的家境相配，方便做事就行。

【引典】

《春秋繁露·为人者天》：“君子衣服中而容貌恭，则目悦矣。”

《许文正公遗书·小学大义》：“心术正乎内，威仪正乎外，则敬身之大体得矣。其衣服、饮食二者，所以奉身也。苟不制之以义、节之以礼，将见其所以养人者，反害于人也。”

《家塾常仪·衣冠》：“毋为诡异华靡，毋致垢敝简率。虽燕处不得袒裸，虽盛暑不得辄去鞋袜。”

《曾文正公家训》:“福不多享,总以俭字为主,少用仆婢,少花银钱,自然惜福矣。”

【评议】

儒家一向注重用礼义法度来调节和限制人们的日常消费行为,所提倡的显然是一种向善的生活方式,这种做法非常健康、可持续,在今天尤值发扬光大。

穿衣戴帽,不仅干净比价钱重要,整齐比抢眼重要,而且还得分清场合处所,家内、家外有别。外出参加交往活动,穿戴要得体,要符合自己的身份,必须与自己的地位相称,实在没有必要攀比权贵富豪,打肿脸充胖子的事不干;而居家过日子,穿戴要符合家庭的经济状况,应当以朴素、节约、便于做事为原则,身上都是绫罗绸缎,家务活就没法干了,花架子要不得,穷讲究不起。

3.6　对饮食,勿拣择。

【字训】

“拣”,jiǎn,选,选择,挑选;挑剔。

“择”,挑选,选择;区别,区分。

【义解】

对于三餐饮食,不要挑剔偏好。

【引典】

《小学·嘉言》:“凡吃饮食,不可拣择去取。”

《治家格言》:“一粥一饭,当思来自不易;半丝半缕,恒念物力维艰。”

《童蒙须知·杂细事宜》:“凡饮食之物,勿争较多少、美恶。”

《童蒙须知·杂细事宜》:“凡饮食,有,则食之;无,则不可思索,但粥饭充饥不可缺。凡饮食之物,勿争较多少美恶。”

《蒙学要义·重订训学良规》:“子弟须敬惜五谷。地上及水盆中有米谷遗粒,必取食之。饭及小食,不得粒屑遗漏,即浆糊粥汤味变者,亦须与鸡犬食,不可抛弃。”

【评议】

“夫礼之初,始诸饮食”(《礼记·礼运》)。道德教化必须“润物细无声”,不可假大空。作为做人起步的蒙学读物,《弟子规》的一大好处就在于能够切实把儒家原本高远、超越的价值理念、道德要求默默渗透到人们的饮食起居之中,具体而微,不离日用常行。

吃不饱饭的日子,对于食物,人们是没有选择余地的,逮住什么都可以往嘴里塞,填饱肚子就行,毕竟生存、活着才是第一位的。挑食,可能是一种奢侈,食物相对丰富,有一定的备选资源;但也可能是一种生理病态,非什么不吃,对什么有特殊的、畸形的偏好,而导致身体营养结构失衡。

厨师如果不珍惜资源,不善待食材,不提高手艺,做出的饭菜实在难以下咽，而导致浪费，便是一种极大的犯罪。厨艺不高者，最好别下厨。

3.7 食适可，勿过则。

【字训】

“适”，到，去往；恰好；适合。

“可”，可以；适宜，恰当。

“食适可”，清麓本、静虚堂本作“适可止”；周氏本作“食适口”。

“则”，榜样，模范；引申为法则，法度，准则。

【义解】

吃饭要适量，不宜超标准而暴饮暴食。

【引典】

《管子·形势篇》：“起居时，饮食节，则身利而寿命益。”

《管子·弟子职》：“凡言与行，思中以为纪。”

《荀子·正名》：“欲虽不可去，求可节也。”

《程董二先生学则·饮食必节》：“毋求饱，毋贪味。”

《程董二先生学则·饮食必节》：“食必以时，毋耻恶食。”

《春秋公羊夷夏论·卷十》：“按照天地运行和人体生理代谢的基本规律进行合理消费，饮食有度、有节，日用讲究礼法，通过一套伦理规范来约束人类的欲求需要，量入为出，而不是无限制地放任自己，不铺张浪费，更不暴殄天物，这样才能够节约原本有限的自然资源和社会资源，并使之取之不竭、用之不完。”

【评议】

人类的欲望是一个无底洞。董仲舒说：“今世弃其度制，而各从其欲。欲无所穷，而俗得自恣，其势无极”（《春秋繁露·度制》）。文明教化的首要任务就在于合理引导、适当限制这一天然本能，因而实现人之为人的价值与意义。

儒家的一切修养工夫，其目的指向无非是化纵欲为节欲，限制人身上的动物性本能而呈现出人之为人的超越本性。

儒家者徒，并非禁欲主义者。人的本能欲望只要在维持生存与生理宣泄的适度范围之内，都是正当的和允许的。《孟子·尽心上》说：“食之以时，用之以礼，财不可胜用也。”面对人欲横流，儒家主张以礼制欲，通过适当的规范法则引导之、调节之，而不是一味绝欲、完全灭欲，不断提醒人们为自己设置一个理性的、健康的、可接受的消费度，最终达到一种“强本而节用，则天下不能贫”（《荀子·天论》）的良性的、可持续的存在效果。

3.8 年方少，勿饮酒。

【字训】

“方”，正，正在。

“少”，shào，年轻，岁数小。

【义解】

年纪还小,尚未成年,不该喝酒。

【引典】

《薛瑄全集·读书录》:"酒色之类,使人志气昏酣荒耗,伤生败德莫此为甚。"

《童子礼·饮食》:"非节假及尊长命,不得饮酒。"

《程董学则·饮食必节》:"毋耻恶食,不得饮酒。非节假及尊命,不得饮酒。"

【评议】

酒是奢侈品,喝了容易麻痹身心,消磨意志。生理条件不成熟的人决不能喝酒。青少年喝酒,很容易危及大脑中枢神经系统的健康发育和正常成长。许多国家都对未成年人实行了禁酒令,不允许青少年喝酒,连买酒行为都是违法的。

然而,酒也是一种文化。中国是酒人的乐土,地不分南北东西,人不论男女老少,聚饮之风,数千年不衰。几乎每一州县,都有自己的地产酒。饮酒的意义远不止生理消费与口腹之乐,许多场合下,酒已成为一种文化符号,用以表达情谊,调节气氛,激发才思,寄托心境。酒与诗一向结有不解之缘。

3.9　饮酒醉,最为丑。

【字训】

"醉",喝酒过量,神志不清。

"丑",难看;不好;羞耻。

【义解】

人喝醉了,酒后乱性失态,是很丑的事情。

【引典】

《论语·子罕》,孔子曰:"出则事公卿,入则事父兄,丧事不敢不勉,不为酒困,何有於我哉!"

《史记·滑稽列传》:"酒极则乱,乐极则悲,万事尽然。"

《程董二先生学则·饮食必节》:"饮,不过三爵,勿至醉。"

《传家宝·养生》:"酒色财气,四害俱烈。欲养此身,件件宜节。"

【评议】

酒从粮食出,千颗酿一滴,是天地造物之精华。所以,酒比油贵,不能浪费。

儒家并不反对饮酒,甚至还把饮酒行为改造成礼乐文化的一个组成部分。用酒祭祀、敬老、奉宾都是君子的一种必备德行。《尚书·周书》中有《酒诰》篇,是周公劝诫康叔之辞,集中体现了早期儒家的酒礼酒德,主要包括:"无彝酒"(不要经常饮酒,以节约粮食),"饮惟祀"(只有在祭祀时才能饮酒),"执拘群饮"(禁止民人聚众饮酒),"禁沉湎"(禁止饮酒过度)。

《论语·乡党》中,孔子主张"唯酒无量,不及乱"。饮酒虽能成礼、寓意、行乐,但酒后乱性、误事、说错话,极易害德,修持百日,毁于一盅,万般后悔。故君子在餐桌上,尽酒礼而修酒德，严格控制酒量，言行举止格外谨慎。

3.10.1　步从容，

3.10.2　立端正，

3.10.3　揖深圆，

3.10.4　拜恭敬。

【字训】

“从容”，不慌不忙，舒缓。

“揖”，拱手行礼。

“拜”，古人见面，表示敬意的礼节。两膝跪地，双手合于胸前，头低到手，但不着地；向……磕头。

【义解】

走路时，脚步要不快不慢，从容不迫；站立时，姿势要端庄、正直；行礼时，要把腰深深地躬下去，接近于圆弧；跪拜时，要显得恭敬、尊重。

【引典】

《论语 · 乡党》：“执圭，鞠躬如也，如不胜。上如揖，下如授。勃如战色，足蹜蹜如有循。享礼，有容色。私觌，愉愉如也。”

《小学 · 嘉言》：“步履必安详，居处必正静。”

《童蒙须知·语言步趋》:"凡步行趋跄,须是端正,不可疾走跳踯。"

《传家宝·童礼知要》:"立:拱手正身,双足相并,必顺所立方位,不得歪斜。"

《幼仪杂箴》:"立:足之比也如植,手之恭也如翼。其中也敬,而外也直。不为物迁,进退可式。将有立乎圣贤之域。"

《家塾常仪·学揖》:"低头屈腰,出卢收手,毋得轻率慢易。"

《传家宝·童礼知要》:"凡下拜之法,一揖少退,再一揖即俯伏,以两手齐按地,先跪左足,次屈右足,顿首至地即起。先起左足,以双手齐按膝上,次起左足,仍一揖而后拜。其仪度以祥缓为敬,不可急迫。"

【评议】

儒家的礼乐教化,演绎两三千年,日臻完备,系统成型,以至于对人们的一举一动、一言一行都有严格的标准化要求。

行走的步伐要从容不迫,才显得庄重沉稳,踏实可靠。站立的姿势要正直不斜,才显示出顶天立地、不可欺凌的君子气概。行拱手礼,不把腰躬成圆弧状;跪拜于别人,没有谦逊、敬畏的表情态度,则不足以表达自己的诚心诚意。

做人要正,方方面面都要有要求,端庄谨慎,一丝不苟,时时处处,好似有眼睛盯着自己;所言所动皆经得起录像回放,只要不愧疚、不后悔就可以了。

3.11 勿践阈，勿跛倚，勿箕踞，勿摇髀。

【字训】

“阈”，yù，门槛；门限。

“跛”，bì，一只脚站着；bǒ，瘸腿，跛脚。

“倚”，yǐ，斜靠着；偏，斜。

“箕”，jī，簸箕，撮箕。

“踞”，jù，伸开两腿坐。

“髀”，bì，股，大腿；股骨。

【义解】

进出门不要踩门槛，站立时不要歪脚斜倚着身体，蹲坐时不要叉开双腿像簸箕一样敞开，更不能摇晃屁股。

【引典】

《论语·乡党》：“入公门，鞠躬如也，如不容。立不中门，行不履阈。”

《荀子·大略》：“坐视膝，立视足，应对言语视面。立视前六尺而六之，六六三十六，三丈六尺。”

《礼记·曲礼上》：“为人子者，居不主奥，坐不中席，行不中道，立不中门。”

《礼记·曲礼上》：“毋侧听，毋噭应，毋淫视，毋怠荒。游毋倨，立毋跛，坐毋箕，寝毋伏。”

《小学诗礼·杂仪》：“入门不践阈。”

《训蒙辑要》：“平常无事时，坐必如尸，立必如斋，不独儒体原该如是，抑生严敬之思，收拾放心，莫逾此法。”

《程董二先生学则·居处必恭》：“凡坐，必直身正体，毋箕踞、倾倚、交胫、摇足。”

【评议】

做人要正，一举一动、事事处处都要中规中矩，无可挑剔。这种德行效果听起来很累、也很遥远，其实只要经常操练把持，做久了也就自然而然呈现出来了。

有规矩的人就是中看，站有站相，坐有坐相，让人没法不喜欢，而愿意接近求教。踩门槛、歪站着、叉腿坐、摇屁股之类的动作，看上去就没什么教养，千万不能模仿。

儒家对人们的日常动作立规矩，要求一依礼法，端庄严肃，但并不与体育运动、健康养生的锻炼项目相矛盾。

3.12　缓揭帘，勿有声。

【字训】

“缓”，迟缓，缓慢；怠慢。

“揭”，撩起，掀起；揭开。

【义解】

进门的时候，要慢慢揭开帘子，尽量不发出声响。

【引典】

《童蒙须知·杂细事宜》：“凡开门揭帘，须徐徐轻手，不可令震惊声响。”

《小学诗礼·杂仪》:“入户必奉扃。”

【事迹】

刘宗周《人谱类记下》记:“周茂叔窗前草不除去。人问之,曰:与自家生意一般。可见草木虽是无知,若无故而斩伐,不几自伤其生意乎?”

【评议】

有规矩的人,做什么事都很沉稳,不急躁,有板有眼。即便在自己家里,一举一动也轻手轻脚,不会粗暴、鲁莽。这样做,并不是因为胆小,而是出于对别人的尊重,不忍心打乱别人的存在秩序,不忍心搅动原本专属于别人的安静。与别人同处一个屋檐下,就当尽量尊重一下别人,努力体谅一下别人的感受。放任自流、我行我素往往是没教养、没品位的表现。

如果你真的具有了“尊重万物”的心情,那么肯定也会“尊重别人”,因为这种尊重的心情一旦流露出来,遇物、遇人,无不尊重,自然而然。但很久以来,却一直都拿“尊重自己”当做“尊重别人”的前提、动力与诱惑,这样即使“尊重别人”了,也不是发自内心的,而是被逼、被要挟的。道德坍塌可见一斑。

3.13 宽转弯,勿触棱。

【字训】

“弯”,清麓本、李光明本、津河本、静虚堂本、增刻本均作

“湾”。

“触”，接触，触摸。

“棱”，léng，同一物体的面与面的交接处，即棱角；横断面为四边形的木材。

【义解】

走路转弯时，弧度尽量大些，不要碰到尖锐的棱角，避免伤害到自己身体。

【引典】

《训蒙教约》：“从容而不失之迂缓，修馑而不失之拘局，久则体貌习熟，德性坚定矣。”

《童子礼・行走》：“两手笼于袖内，缓步徐行。举足不可太阔，毋得左右摇摆，致动衣裾。目须常顾其足，恐有差误。”

【评议】

走路，在儒家也是有讲究的，最好是缓步徐行，不急不慢，匀速前进，这样，遇到转弯、对面来车来人等突发情况，处理起来就会显得轻松自如了。这其中可以玩味的不只有儒家的礼教规劝，更有儒家强烈的养身护生意识。

儒家入世，管人间烟火，要处理的事情多，所以规矩也就多。和尚看尘世太苦，甩手躲进庙里，啥事不管。道士嫌天下太乱，屁股一拍上山找清净。只有儒家还念着芸芸苍生，一心为他们寻求安身立命的方计，为他们设计并建构一套恰当的礼乐秩序，让他们活出人样，而不至于像动物那样活得没有意义。

所以,要想像人一样活着,《弟子规》的规矩还算多吗?佛道、仙道靠不住,人间正道唯圣道。《礼记·礼运》曰:“礼达而分定”,如果礼教灿备,贯彻落实,那么必定上下有序,各安其分,各得其所。人是一种礼的动物,需要礼、认识礼、执行礼、成于礼,“人有礼则安,无礼则危”(《礼记·曲礼上》)。

3.14.1 执虚器,如执盈;

3.14.2 入虚室,如有人。

【字训】

“执”,持,握,拿着。

“盈”,yíng,满;溢出。

【义解】

手拿空的器皿,要像盛满东西一样小心。走进到没人的屋子,要像有人一样注意自己的形象。

【引典】

《管子·弟子职》:“出入恭敬,如见宾客。”

《礼记·少仪》:“执虚如执盈,入虚如有人。”

《吴尹子·九药》:“勿轻小事,小隙沉舟;勿轻小物,小虫毒身;勿轻小人,小人贼国。能周小事,然後能成大事;能积小物,然後能成大物;能善小人,然後能契大人。”

《小学诗礼·杂仪》:“执虚如执盈,入虚如有人。”

《礼记·少仪》:“不窥密,不旁狎,不道旧故,不戏色。”

【评议】

做人做事须谨慎,小心驶得万年船。儒家仁爱万物,敬畏苍生,能够善待自己所遭遇的每一个对象,顾念其存有之艰难,呵护其内在之活力,不忍心打搅,更不敢糟蹋。人要想尊重自己,就必须从尊重别人、尊重他物开始,始终把别人、他物放在与自己平等的位置上。

儒者做事一般都举轻若重,慎之又慎,所以经常招惹“古板”、“教条”、“极端保守”、“活得很累”之类的批评和指责。其实,这恰恰是儒者心智成熟、礼教发达、文明深厚的标志。这起码可以说明,当事人已经充分认识到事情本身具有很高的关联度和复杂性,需要仔细分析,耐心处理,才不至于出错。

儒家所要解决的都是人的事务,远非书本问题那么纯粹、简单,不举轻若重、不慎之又慎则一定不行。修得佛道、仙道正果者,未必能成圣道。儒家的理想不在方外、不在彼岸,毋宁只在事上磨炼,只在事上究理。

3.15 事勿忙,忙多错。

【字训】

“忙”,内心急迫、慌乱不安;行动急迫;事情多,没空闲。

“错”，误，错误。

【义解】

做事不要匆忙，匆忙容易出差错。

【引典】

《传家宝·二能》：“事当快意处能持，言当快意处能住。”

《武陵春》：“物物般般都放下，熟境自然休。忙里偷闲闹处收，不挂一丝头。”

《呻吟语·应事·一三〇》：“事到手且莫急，便要缓缓想；想得时切莫缓，便要急急行。”

《菜根谭·八》：“君子闲时要有吃紧的心思，忙处要有悠闲的趣味。”

《菜根谭·二十六》：“忙处不乱性，须闲处心神养得清；死时不动心，须生时事物看得破。”

《菜根谭·十九》：“延促由于一念，宽窄系之寸心。故机闲者，一日遥于千古；意广者，斗室宽若两间。”

【评议】

人有事做，才不无聊。做事是人之为人的存在方式。但事情太多，累着自己，伤及身体，就不值得了。心烦意乱，忙中出错，高代价纠正，则更划不来。

进入现代社会，“成功学”一直在竭力忽悠人们，挑逗、激发并膨胀人们的欲望，不以追逐名利为耻而反以其为荣，做梦都想着发财，似乎越忙越成功。实际上，有一种失败叫瞎忙，说的就是那种不问善恶方向、不关心生命价值而急吼吼操劳自己的现代人。看不开、想不透，忙活一辈子却不知道究竟为什么，这才是最大的错。

别把压力当动力，悠闲也是人生的常态。

3.16.1　勿畏难，

3.16.2　勿轻略。

【字训】

“轻”，轻率，轻易；随便，随意。

“略”，忽略，不计较。

【义解】

遇到困难，别害怕。遇到容易做的事情，也别轻率敷衍。

【引典】

《一得斋琐言》：“难事，有志竟成，心分则废。”

《警世贤文·勤奋》：“宝剑锋从磨砺出，梅花香自苦寒来。”

《朱子语类·卷七十四》：“至微至细底事，皆当畏惧戒慎，战战兢兢，惟恐失之。”

《传家宝·三不可》：“慎是居上细心，却不可慎大忽小。”

《韩非子·六反》：“不蹶于山，而蹶于垤。”

【评议】

你做事情的态度，往往就是你做人的态度，事内事外，一以贯之。但凡人做事，大事小事，难事易事，都得怀有一份敬重心，否则都不会有好的结果。

许多人做大事、难事，很谨慎，却在小事、易事上栽了跟头。经得起大风大浪考验，却不小心在阴沟里翻了船。大事细心不为多，小事也要谨慎些，难事贵在有毅力，易事马虎就出错。

儒家直面现实，宣道立教，没有一天不在接触和处理生活琐务，所以很早就对“做事”提出了相当多的规范要求，主张在“做事”中“做人”，寓物于事，渗思于事，事中析理，事中见人，于是乎，成事、成物、成己，高度统一不二，彼此交融，相互涵摄。

3.17　斗闹场，绝勿近。

【字训】

“斗”，打架，争斗；战斗；纷，乱。

“场”，场地，场所。

“勿”，昌文本作“无”。

“近”，接近，靠近。

【义解】

容易发生打架斗殴的场合，千万不要靠近。

【引典】

《论语·季氏》：“血气方刚，戒指在斗。”

《礼记·曲礼上》：“礼不逾节，不侵侮，不好狎。”

《童蒙须知·杂细事宜》:“凡喧哄、斗争之处,不可近。”

【评议】

人活着,只有用礼乐教化规定自己的言行举止,才能使自己成为真正意义上的人。《论语·颜渊》中,孔子教导说:“非礼勿视,非礼勿听,非礼勿言,非礼勿动。”

一些热闹地方、是非场所,注意保持距离,不要好奇,不要接近,最好躲得远远的。不要太相信自己的抗病毒能力和防腐蚀本领。实在没有必要把原本平静的自己放到矛盾漩涡里去搅拌一番。

避免麻烦的最好办法,就是预先不让自己陷入于不仁不义、进退皆错的尴尬境地。这就要求人们开启“五常”之“智”的功能,提高善恶、真假、正邪、是非、美丑的辨别能力与意志控制力。

3.18 邪僻事,绝勿问。

【字训】

“邪”,斜歪,不正当,不正派;妖异,怪诞。

“僻”,pì,邪僻,不正;怪癖;冷僻。

“勿”,昌文本作“无”。

【义解】

邪恶、怪僻的事情,千万不要好奇打听。

【引典】

《尚书·旅獒》:“玩人丧德,玩物丧志。”

《论语·述而》:“子不语:怪、力、乱、神。”

《许文正公遗书·语录上》:“凡取友,必须趋向正当,切磋琢磨,有益于己者;若乃邪僻卑污,与夫柔佞不情、相诱为非者,谨勿近之。”

【评议】

好奇害死猫,后悔来不及。

坏事恶事,沾上就黏,一染指就甩不掉,一涉足就拔不出来。起先还以为有自控能力,等发现自己深陷而难撤了,却为时已晚。人走错了路,往往是回不去的。

世间百态,并不是每一件事情都需要并值得我们去亲身经历的。黄赌毒,快活一阵子,痛苦一辈子。黑社会,只要惹一次,切割就很难。遇到这类事,君子避之唯恐不及,有多远就离多远。

3.19.1 将入门,问孰存。

【字训】

“孰”,shú,谁,哪个,哪位。津河本、武昌本、增刻本、昌文本均作“谁”。

“存”,在,存在;生存;保存。

【义解】

进别人家门之前,应该先问问屋里有没有人。

【引典】

《礼记·曲礼上》:“户外有二履,言闻则入,言不闻则不入。将入户,视必下。入户奉扃,视瞻毋回;户开亦开,户阖亦阖。”

《礼记·曲礼上》:“凡与客入者,每门让于客。”

《小学诗礼·杂仪》:“入门必问讳,与人不问欲。”

【评议】

人际来往,泛泛之交是没必要带进家里的,但凡能够登门、上门、入门、进门的,一般都已预设了对对方的认同和深度了解的许可,所以才视作宾客造访之大事,有许多礼节讲究,而不比平常见面作揖、握手那么简单、随便。

进别人的家里、到别人的房间,最好先敲一下门,征得同意了再推门也不迟。这是对别人的最起码的尊重。不宣而入,冒冒失失,属于私闯,是对别人权利的侵犯,也有窥探别人隐秘之嫌疑,很容易让别人难堪,更暴露出自己没什么教养。

3.19.2　将上堂,声必扬。

【字训】

“堂”,正屋,正房。

“扬”,高声;升高;振作。

【义解】

走进主人厅堂的时候,应该做出声响,以便提醒主人有客来了。

【引典】

《礼记·曲礼上》:“将适舍,求毋固。将上堂,声必扬。”“户开亦开,户阖亦阖。有后入者,阖而勿遂。”

《礼记·曲礼上》:“客若降等,执食兴辞,主人兴,辞于客,然后客坐……主人未辩,客不虚口。”

【评议】

堂,在上古时代是人工建造的方形土台,后来被筑成高大房屋,经常成为衙门官吏办公审案的处所,或同族人祭祀神祖、揖让修礼等聚众活动的公共空间。客人能够升堂入室,算是一种正规、隆重的礼遇,故不得不整肃身心、收拾衣冠。

君子坦荡荡,其一言一行皆中规中矩,经得起审视,从不鬼鬼祟祟。其步入堂上,必有声响,引人注意;其在堂前不私语,不窃议,谈笑自如,不失礼仪,完全一派大丈夫风度。

所以,《邓子·转辞篇》曰:“一声而非,驷马勿追;一言而忽,驷马不及。故恶言不出口,苟语不留耳,此谓君子也。”

3.19.3　人问谁，对以名；吾与我，不分明。

【字训】

“对”，答，回答，应答。

“吾”，第一人称代词，我。

【义解】

如果主人问“你是谁”，就应该报上姓名。如果只回答一声“我”，主人就无法辨清你到底是谁了。

【引典】

《礼记·曲礼上》：“凡与客入者，每门让于客。客至于寝门，则主人请入为席，然后出迎客。客固辞，主人肃客而入。主人入门而右，客入门而左。主人就东阶，客就西阶，客若降等，则就主人之阶。主人固辞，然后客复就西阶。主人与客让登，主人先登，客从之，拾级聚足，连步以上。上于东阶则先右足，上于西阶则先左足。”

【评议】

通报姓名，无论对方是不是长辈，都应该先主动喊一声关系称谓或城乡地名，然后再报上自己的姓名。一上来就声称我是谁，显得很突然，对方不容易立即回想起来你是谁。古人敲门是这个礼节，今天人打电话也是这个礼节。

叫喊着“我”，或“我哦”、“是我啊”、“我的声音都听不出来啦”，是不拿自己当外人，其实对方不可能没事闲着专等你敲门或打电话，对方也可能跟你并没有熟到那个份上。而“猜猜我是谁”，别人猛一听还以为是坏人上门或诈骗电话，会立马拒绝。

人际交往中，回答对方的问题，切忌含糊不清。有问题可以直接说，不必吞吞吐吐、遮遮掩掩。遇到不方便当面坦陈的事情，可以婉言相告，或借一步说话。这样，才能保证沟通顺畅。

3.20 用人物，须明求；倘不问，即为偷。

【字训】

“明”，明确，显明，公开。

“倘”，tǎng，如果，假如，假使，倘若。李光明本、津河本、武昌本、听雨堂本、景旭谭本、增刻本、周氏本均作“傥。”

【义解】

使用别人的物品，必须明确请求，征得同意。如果不管别人答应不答应，硬是拿来，就等于偷盗。

【引典】

《童蒙须知·洒扫涓洁》：“凡借人文字，皆置簿抄录诸名，及时取还。”

《传家宝·惩窃》：“撩人一菜一根葱，急须狠打莫宽容。此事不嗔将习惯，他年定做贼先锋。”

《西山日记·卷上》：“自古及今无占便宜之君子，其苦心可以自慊，不可以告天下。万世无不讨便宜之小人，其机心可以欺天下，万世不可以自欺。”

【评议】

许多时候，“借”与“偷”的界限其实是很小的，问一声“借不借”，说一句“拿用一下”，都并不难，嘴一张就可以，但许多人却做不到。心目中有没有这个界限考验着每一个人的德性良知，“图方便”、“省个事”、“不就没打声招呼嘛”，都不是理由。

拿人东西不告诉，即已为偷，偷则为耻。人要知耻，无耻之耻，最为无耻。《传家宝·人事通》说：“耻之一字，乃人生第一要事。如知耻，则洁己励行，思学正人，所为皆光明正大。凡污贼淫恶，不肖下流之事，决不肯为。如不知耻，则事事反是。”

3.21 借人物，及时还；后有急，借不难。

【字训】

“后”，后来，今后，以后；后面。

“急”，紧急，急迫；急需，急用。

“后又急，借不难”一句，复性斋本、李光明本、武昌本、听雨堂本、静虚堂本、增刻本、昌文本均作“人借物，有勿悭”。

【义解】

借别人的东西，必须及时归还，以后遇到急用，再借就不会有什么难度了。

【引典】

《小学·嘉言》:“凡借人物,不可损坏不还。”

《童子礼·居处》:“借人书物,当置薄登记,及时取还,毋致遗失。”

《西游记·第十六回》:“老孙可是那当面骗物之人?这叫做好借好还,再借不难。”

【评议】

借,无论是暂时使用别人的财物,还是把自己的财物暂时给别人使用,都是一种短期行为。租赁、信贷行业还没有形成之前,借人、借于人均非物用之常态。

为日常生活所必备的家什器具,最好自力置办并持有,不可长期依赖外借。开口跟别人借钱借物,很让别人为难,借也不是,不借也不是。经常借钱借物,别人就会怀疑你的偿还能力和人品好坏,最容易把自己名声搞得很臭。

万一遇到突发事、紧急事,借钱借物是可以理解的,但一定记住:好借好还,再借不难;你若不还,再借免谈。

第四章　信

4.1　凡出言，信为先；诈与妄，奚可焉？

【字训】

“信”，真是，诚实；信用，信任。

“诈”，欺诈，欺骗；伪，虚伪。

“妄”，虚妄，不合事实；胡乱。

【义解】

开口说出去的话，诚实可靠最重要。谎话、大话，怎么可以取信于人呢！

【引典】

《论语·学而》，子夏说：“与朋友交，言而有信。”

《论语·学而》：“敬事而信，节用而爱人。”

《论语·为政》：“人而无信，不知其可也。”

《论语·子路》：“言必信，行必果。”

《荀子·非十二子》：“信信，信也；疑疑，亦信矣。”

《易传·系辞上》:“乱之所生也,则言语以为阶。”

《太平御览·拟金人铭作口铭》:“病从口入,祸从口出。”

【事迹】

邵博《闻见后录·卷二一》记:“光年五六岁,弄青胡桃,女兄欲为脱其皮,不得。女兄去,一婢子以汤脱之。女兄复来,问脱胡桃皮者,光曰:‘自脱也。’先公适见,诃之曰:‘小子何得谩语?!’光自是不敢谩语。”

【评议】

孔门四教:“文、行、忠、信“(《论语·述而》),“信”居其一,堪为一个人步入社会、安身立命于世界之内的根基。

语言是社会的通行证,没有语言,我们就没法交往,但语言不实,我们就会被干扰和误导。《春秋谷梁传·僖公二十二年》记:“人之所以为人者,言也。人而不能言,何以为人?言之所以为言者,信也。言而不信,何以为言?信之所以为信者,道也。”可见,人因言而为人,言因信而为言。无言则非人,无信则非言。君子说话不虚妄狂诈,不夸大其词,实话实说,可靠有据。

4.2　话说多,不如少;惟其是,勿佞巧。

【字训】

“是”,对,正确。

“惟其是”,复性斋本、清麓本、周氏本均作“多易错”。

“佞”，nìng，能说会道。

“巧”，巧诈；虚浮不实。

“勿佞巧”，复性斋本、清麓本、周氏本均作“少易好”。

【义解】

话，多说不如少说；只要真实就可以了，而不必花言巧语。

【引典】

《管子·戒》：“多言而不当，不如其寡也。”

《管子·形势解》：“圣人择可言而后言，择可行而后行。”

《论语·学而》：“巧言令色，鲜矣仁！”

《论语·卫灵公》：“巧言乱德。”

《论语·里仁》：“古者言之不出，耻躬之不逮也。”

《礼记·表记》：“君子不以辞尽人，故天下有道，则行有枝叶；天下无道，则辞有枝叶。”

《李觏集·寄上范参政书》：“动人以行，不烦虚语。”

《程董二先生学则》：“言语必慎：致详审，重然诺，肃声气。毋轻，毋诞，毋戏谑、喧哗。毋及乡里人物长短，毋及市井鄙俚无益之谈。”

《传家宝·绅瑜》：“说得千般明晓，不如行得一事到底。”

《慎言集训·戒杂言》：“多言，伤烦也；轻言，伤易也；妄言，言不忠信也；杂言，言不及义也。四者均言之病也，而多言尤病根乎。”

【评议】

沉默是金，言多必失。人际纷争，常常都因为祸从口出。

所以，儒家历来对人们说话有很多要求，强调严把口舌关。刘向《说苑·谈丛》曰："口者，关也；舌者，机也；出言不当，四马不能追也。口者，关也；舌者，兵也，出言不当，反自伤也。"

王通《中说·魏相》曰："多言未可与远谋，多动不可与久处。"能不说就不说，能少说就少说，很多是非恩怨都是语言的过错。张家长李家短，话搬来搬去，乱嚼舌头根子，流言蜚语，恶意相向，吵架谩骂，一句话呛死人，等等，许多时候，多一句天昏地暗，忍一句海阔天空。

说话常惹祸，口舌生是非，所以儒家对语言一贯戒备重重，既要求言而有信，非信不言，又强调行重于言，行高于言，"古者言之不出，耻躬之不逮也"，"君子欲讷于言而敏于行"（《论语·里仁》）。

4.3 刻薄语，秽污词，市井气，切戒之。

【字训】

"刻薄"，冷酷，尖酸，苛严，不留情面。

"刻薄语"，复性斋本、清麓本、周氏本均作"奸巧语"。

"秽"，huì，污浊，肮脏。

"市井"，集市，市场；商贩。

【义解】

尖刻薄情的言语，污秽不堪的措辞，集市上人说话的那种口气，急需警惕、去除。

【引典】

《程董二先生学则》："言语必谨：……毋轻，毋诞，勿戏谑，喧哗，毋论及乡里人物长短，及市井鄙俚无益之谈。"

《训蒙辑要》："诸生一言一动，俱要端方，不许说市井下流话，亦不许学市井下流事。"

【评议】

你不说话，没人能判断出你品位高低。你嘴巴一张，人就知道你是什么货色了。

人不说话可能会憋死，但话不能乱说，话不能随便说。"良言一句三冬暖，恶语伤人六月寒"（《名贤集》），一句话气死人，一句话哄死人。一句话可以飞黄腾达，一句话可以杀身灭族。人生的重大转折往往都是一句话的工夫。所以做人要会说话才行。

说话有三戒：刻薄话、脏话、市侩话，都尽量不要说。刻薄话说多了，让人觉得你没有人情味。脏话说多了，让人觉得你没教养。市侩话说多了，让人觉得你粗俗掉链子。而假话、空话、骗人话、骂人话、虚而不实的话，说出一句，就得用百倍的代价去加以弥补，终了连自己都圆不起头来。

尊长面前，不开玩笑，"君子口无戏谑之言，言必有防；身无戏谑之行，行必有检"（《中论·法象》）。同辈同事、同学同仁、朋友战友在一起，说些玩笑话可以调节气氛，但也不能过度，要以不伤人自尊、不侮辱人格、不有损感情为原则。

4.4.1 见未真，勿轻言。

4.4.2 知未的，勿轻传。

【字训】

“真”，真实；真相。

“的”，dì，确实，的确。

【义解】

没看到真实情况，就不要轻易发表意见。了解得不确切，就不要轻易传播出去。

【引典】

《尚书·虞书·大禹谟》：“无稽之言勿听，弗询之谋勿庸。”

《论语·阳货》，子曰：“道听而涂说，德之弃也。”

《家塾常仪·学言》：“勿泛勿欺，勿轻勿诞，勿及闲事，勿及传闻事，毋及乡里人物短长，毋及市井鄙俚戏谑无益之谈。”

《幽梦续影》：“有深谋者不轻言。”

《药言賸稿》：“轻信骤发，听之大戒。”

【评议】

轻言、轻传，都是言而有信的反面，必须着力戒除。

眼见为实，魔术除外。耳听为虚，传言可怕。不在场，没亲历，就敢胡说乱议论一通，只能说明自己胆大、轻信、不靠谱，日后想起来都后悔。你嘴巴里传的往往就是你心里想的，谣言止于智者，修养越深厚，过滤得越多。了解得不很清楚的事情、还没有验证过的传闻，绝不可以从我嘴巴里说出去。

说话的可信度就是做人的可靠度。《薛瑄全集·读书录》曰："言无妄言，身无妄动，安得有差？"儒家修身工夫，言语一课，极为重要，极为深奥！

4.5　事非宜，勿轻诺；苟轻诺，进退错。

【字训】

"宜"，适宜，适合；应当，应该。

"诺"，答应，应允；答应声。

【义解】

不太恰当的事情，就不能轻易答应；因为一旦轻易答应了，就会使自己进也不是、退也不是。

【引典】

《程董二先生学则》："言语必谨：致祥审，重然诺，肃声气。"

《管子·形势解》："圣人之诺已也，先论其理义，计其可否。义则诺，不义则已；可则诺，不可则已。故其诺未尝不信也。小人不义亦诺，不可亦诺，言而必诺，故其诺未必信也。故曰：'必诺之言，不足信也。'"

《传家宝·群珠》:“轻言者多悔,轻动者多失,轻诺者寡信……是以君子贵乎持重。”

【评议】

《荀子·大略》曰:“多言而类,圣人也。少言而法,君子也。多言无法而流湎然,虽辩,小人也。”圣人、君子言谈有章法,义理逻辑、声调语气都不差,说话靠谱,不随便表态。

儒者待人处事,沉稳凝重,轻易不言,但一诺则值千金,确保兑现,说到做到,不放空炮,吐口吐沫都是钉。求人办事,但凡遇到那些满口承诺、拍胸脯、打包票的人,都得小心一些,因为如果是君子,即使有百分之百的把握也只答应七成,绝不会把话说死。不能预先充分考虑到事情的复杂相关性,办事不周全,顾此失彼,挂一漏万,于是,承诺得很快,食言也很快。所以,诺与不诺,绝不只是一个语言问题,毋宁始终是一个人品问题。

4.6 凡道字,重且舒,勿急疾,勿模糊。

【字训】

“道”,讲,说。

“舒”,缓,慢,徐徐。

“疾”,快,迅速。

“勿急疾”,清麓本作“勿急遽”。

【义解】

谈吐交流,语气应该稳重、舒缓,语速不能太快、太急,口齿清楚而不含糊其词。

【引典】

《程董二先生学则》:“言语必谨:……须和缓分明,勿含糊两端。”

《明儒学案·造化经纶图》:“言不轻发,事不轻举。”

《呻吟语·存心》:“和气平心,发出来如春风拂弱柳、细雨润新苗,何等舒泰,何等感通!”

《老学究语》:“凡与人言,词气从容,规人劝人,人也乐从。”

《药言》:“到当说处,一句便有千钧之力,却又不激不疏,此是言之上乘,除此外,虽十缄不妨。”

【评议】

《论语·学而》中,孔子曰:“君子不重则不威”,是一个全方位的要求,行动、言语、心情、仪态都要端庄正派,自内而外,由重而威,装是装不出来的。

说话声音,取决于中气。语速快慢,取决于德行。

有德行的君子说话,操控能力强,善于把握自己,吐字沉稳,语速缓慢,宛如彩云在天空徐徐舒展,典雅有致。人如果说话的速度太快,说明情急性躁,沉不住气,惟恐忘记内容或来不及表达自己,或多或少缺乏底蕴支撑。而说话含糊其辞的人,多半心里没底,逻辑混乱,自信心严重不足。

好好说话,是儒家的一项重要修养工夫。

4.7 彼说长，此说短，不关己，莫闲管。

【字训】

“彼”，bǐ，那；那人；对方，别人；那里。

“关”，牵连，涉及，与……有关。

【义解】

别人谈论张家长李家短，如果与自己无关，就不要插言多嘴，少管闲事为好。

【引典】

《礼记·表记》：“君子不失足于人，不失色于人，不失口于人。”

《童子礼·言语》：“不得亢傲訾人，及轻议人物长短，如市井鄙俚戏谑。无益之谈，尤宜禁绝。”

《里言》：“听人谈论于吾所谓是者，不可遽尔赞叹；所谓非者，不可遽尔辨驳。须要仔细体认一番。”

【评议】

虽然“谁人背后无人说，谁人背后不说人”，但做人仍需积口德，不要随便议论别人，更不能轻易说别人坏话。事多做一点，话少说一点，走到哪都有人喜欢。

别掺合聚众群聊，一句再平常不过的话，传来传去、嚼来嚼去，都会弄出不小的是非波折。

注意与话唠保持距离，他(她)能背后说人，也能背后说你。

无论何时何处，伤害感情的话不说，影响团结的话不说。

4.8　见人善，即思齐；纵去远，以渐跻。

【字训】

“齐”，比，并；整齐，相等；一同。

“纵”，纵然，纵使，即使。

“去”，距离；离开，离去。

“跻”，jī，登，达到。

【义解】

看到别人的好，就要向他看齐；即使目前还有很大差距，只要努力，就一定能够逐渐赶上。

【引典】

《管子·弟子职》：“见善从之，闻义则服。”

《论语·里仁》：“见贤思齐焉，见不贤而内自省也。”

《论语·述而》：“三人行，必有我师焉。择其善者而从之，其不善者而改之。”

《小学·嘉言》：“见善如己出，见恶如己病。”

【评议】

人都有仁心，生而平等，后天相远。

追寻仁道善德的路上，有先进，有后进。先进带后进，后进学先进。

看到别人的好,不可冷嘲热讽,不可嫉妒仇恨,不可挖坑陷害,而首先最应该想到的就是:同样是人,我怎么就没做到的呢、为什么他(她)能我不能。这样一比较,你就有了鞭策,就会不懈努力、发奋追赶了。

4.9 见人恶,即内省;有则改,无加警。

【字训】

"省",xǐng,反省,醒悟;懂得,理解;明白。

"警",告诫;警告;戒备。

【义解】

看到别人犯错误,就立刻进行自我反省。如果自己也犯了同样的错误,就要立刻改正;如果没有,则应该提高警惕,努力避免。

【引典】

《尚书·商书·伊训》:"与人不求备,检身若不及。"

《论语·学而》,曾子曰:"吾日三省吾身。"

《正蒙·中正》:"过虽在人,如在己,不忘自讼。"

《四书章句集注·论语集注·学而》:"曾子以此三者日省其身,有则改之,无责加勉,其自治诚切如此,可谓得为学之本矣。"

【评议】

反省是提升德性自觉的根本途径，是仁道修炼的一项基本工夫。几乎所有的道德学、伦理学、宗教学、哲学派别都要求人们做出反省，越多越好，越深越好。可见，反省是人之为人的重要一课。

看到别人犯错误，不可生幸灾乐祸之心意，不可有落井下石之行为，而应该想一想自己如果遇到这种情况会怎么办、能不能有效避免这种错误的发生。但如果仅有不断的反省，缺乏行为纠正，错误还是照样不断地犯，还是不行。

4.10 唯德学，唯才艺，不如人，当自砺。

【字训】

“德”，德行，品格；道德情操，思想境界。

“学”，礼乐经典，知识基础。

“才”，才能，能力，才性，水平。

“艺”，技能，技法，本领。古代贵族弟子学习“六艺”，即指礼、乐、射、御、书、数，在儒家则为“六经”，即《诗》《书》《礼》《乐》《易》《春秋》。

“砺”，lì，磨刀石；磨；磨快。

【义解】

如果在德行修养、知识学问、才能技艺方面不如别人，那就应该劝勉自己奋力追赶。

【引典】

《论语·学而》:“君子食无求饱,居无求安,敏于事而慎于言,就有道而正焉:可谓好学也已。”

《论语·颜渊》:“为仁由己,而由仁乎哉?”

《论语·述而》:“仁远乎哉?我欲仁,斯仁至矣。”

《法言·君子》:“夫进也者,进于道,慕于德,殷之以仁义;进而进,退而进,日孜孜而不知勧者也。”

《传家宝·绅瑜》:“成大业,致大名,绝非逸豫可得,必自刻苦中来。”

【评议】

人活世间,仅仅吃饱饭,而无德学、无才艺,是不可以安身立命的。

德性需要与肉体需要,共同构成人类生存的基本面,缺一不可。如果你满足不了其中的任何一种需要,那你真的该醒醒了,拼一拼吧,不努力不行了。

努力靠自己,只有你自己想要了,才会有,别人是帮不了你的。

4.11　若衣服,若饮食,不如人,勿生戚。

【字训】

“若”,如果,如若,假使。

"戚",qī,忧愁,悲伤。

【义解】

如果在穿的戴的、吃的喝的方面不如别人,那就不必攀比,更不应该郁闷悲伤。

【引典】

《论语·雍也》,子曰:"贤哉,回也! 一箪食,一瓢饮,在陋巷,人不堪其忧,回也不改其乐。贤哉,回也!"

《潜夫论·释难》:"大丈夫处其实,不居其华。"

《传家宝·崇俭》:"少年最忌学奢华,淡饭粗衣俭最佳。识得其中滋味远,膏粱文绣未堪夸。"

【评议】

作为最受孔子欣赏的一个弟子,颜回虽然身处"陋巷",吃的喝的都很简单,"一箪食"、"一瓢饮",但他还能够自得其乐,因为他的精神世界很充实,很富有,别人剥夺不了。

世界上很早就有一群这样的无产者,他们不跟人比房屋,不跟人比田地,不跟人比权势,只靠圣贤书中的仁道理想和至善信念而活着。"饭疏食饮水,曲肱而枕之,乐亦在其中矣。不义而富且贵,于我如浮云"(《论语·述而》),许多儒门士子正是怀揣着这么一种单薄脆弱的精神境界去抵挡狂风暴雨、经历人世沧桑的。

4.12 闻过怒，闻誉乐，损友来，益友却。

【字训】

“闻”，听到，听见。

“损”，损害，伤折。

“益”，有好处，有帮助。

“却”，退；拒绝，不受。

【义解】

听见别人批评自己就生气，听见别人赞美自己就高兴，这样一来，有害的朋友就会接近你，而有益的朋友则要拒绝你。

【引典】

《论语·季氏》：“见善如不及，见不善如探汤。”

《周易·益·象》：“君子以见善则迁，有过则改。”

《礼记·坊记》：“善则称人，过则称己，则民让善。”

《格言联璧·接物》：“能媚我者，必能害我，宜加意防之；肯规予者，必肯助予，宜倾心听之。”

【评议】

如何面对别人的赞美，如何面对别人的批评？这对很多人而言，是难过的一关。正常表扬与谄媚讨好，许多时候只有一步之遥；指出缺点与揭短挑刺之间也经常会模糊界限。

大凡人都喜欢听好话，不喜欢听难听的话。儒家修身的目的之一就是要用良知与善行去改变并且征服人的这种本能，而成就出人之为人闻誉则惧、闻过则喜的德性。

如果你只喜欢被赞美,那么很快就有人给你穿高木屐,你早晚都得栽跟头。平时坏话听得多,关键时候却能够好评如潮,因为你已经在不断纠错中获得进步了。

4.13 闻誉恐,闻过欣,直谅士,渐相亲。

【字训】

"欣",高兴,喜悦。

"直",正直,直爽。

"谅",诚信,信实。

"亲",近,接近。

【义解】

听见别人赞美自己就感到惶恐不安,听见别人批评自己就欣然接受,那么,正直诚实的君子就会跟你逐渐亲近。

【引典】

《孟子·公孙丑上》:"子路,人告之以有过则喜。禹闻善言则拜。"

《晏子春秋·内篇·杂上》:"君子居必择邻,游必就士。"

《中说·魏相》:"君子先择而后交,小人先交而后择。"

《颜氏家训·慕贤》:"与善人居,入芝兰之室,久而自芳也;与恶人居,如入鲍鱼汁肆,久而自臭也。"

【评议】

《孔子家语·六本》说："良药苦口利于病，忠言逆耳利于行。"许多时候，话糙理不糙，虽然难听点，但于事定有补。能够当面给你指出错误、让你不爽的人，虽然不讨你喜欢，但未必就是坏人，后来你就会发现，这人能交，是真心朋友。

君子听到誉词，要有戒心，提防小人；听到毁词，要警醒自己，纠正缺点，改过向善。别让对自己有害的所谓"朋友"钻空子。德性修持中，誉词容易让人堕落，毁词容易让人进步。君子不可不慎。

4.14.1　无心非，名为错；

4.14.2　有心非，名为恶。

【字训】

"非"，违背；不对，不是。

"错"，误差，不正确；不好；过失。

"恶"，罪过；坏，劣。

【义解】

无意之间做得不对，叫过错；明知不对却还去做，就是罪恶。

【引典】

《论语·里仁》，子曰："苟志于仁矣，无恶也。"

《春秋繁露·蜻华》:"《春秋》之听狱也,必本其事而原其志,恶邪者不待成"。

《汉书·哀帝纪》:"《春秋》之义,原心定罪。"

《汉书·王嘉传》:"圣王断狱,必先原心定罪,探意立情,故死者不抱恨而入地,生者不衔怨而受罪。"

【评议】

道德要求,内在自发。法律约束,外在强制。人之行为,动机在前。无心而非,至多算错,够不上恶,似可原谅;成心犯罪,未行即恶,酿为事实,罪上加罪,不可饶恕。

动机至上,原心定罪,这是儒家春秋公羊一派听讼决狱的惯用手法,推究当事人作案的主观原因与背景要素,多角度分析其复杂的相关性,正视既已形成、无法挽回的行为结果,弹性罚处,斟酌量刑,人性化执法,经常呈现出一种情理交融、法治与人治共举的特征,能够顾及案件处理的舆论导向、社会影响与教化意义。

4.15.1 过能改,归于无;

4.15.2 倘掩饰,增一辜。

【字训】

"归",返回;归结。

"辜",gū,罪。

【义解】

犯了错误而能不断改正，最终就跟没犯错误一样。但如果故意掩盖错误，那就等于给自己增加了一个掩盖错误的罪过。

【引典】

《论语·述而》："丘也幸，苟有过，人必知之。"

《论语·卫灵公》，子曰："过而不改，是谓过矣。"

《论语·子张》，子贡曰："君子之过也，如日月之食焉。过也，人皆见之；更也，人皆仰之。"

《颜元集·颜习斋先生言行录·言卜》："吾人迁善改过，无论大小，皆须以全副力量赴之。"

【评议】

人都有错，绝无例外。圣、凡差别，只在多少。

人活着，必然要犯错误，只有死人才会不犯错误。

犯错误是人之为人的一种存在方式，改正错误也是人类的一项本质规定。

人每天都与错误为伴，在错误中锻炼，在错误中考验，在错误中成长，不断地犯，不断地改，所以人生才叫"过日子"。犯了错误就要改，改了才能接着活，不改就死路一条。

第五章　泛爱众

5.1　凡是人，皆须爱；天同覆，地同载。

【字训】

“爱”，仁爱，慈爱；吝惜，舍不得。

“覆”，遮盖，掩蔽。

“载”，装载，承载，负载。

【义解】

但凡是人，都应该相互关爱。苍天覆盖着天底下每一个人，大地承载着地球上每一个，不偏爱，不袒护。

【引典】

《论语·颜渊》，“樊迟问‘仁。’子曰：‘爱人。’”

《论语·阳货》：“君子学道则爱人。”

《荀子·非十二子》：“无不爱也，无不敬也，无与人争也，恢然如天地之苞万物。”

《礼记·三年问》：“凡生天地之间者，有血气之属，必有知。

有知之属,莫不知爱其类。”

《吕氏春秋·去私》:“天无私覆也,地无私载也,日月无私烛也,四时无私行也,行其德而万物得遂长焉。”

《新书·修政语》:“德莫高于博爱人,而政莫高于博利人。”

《张载集·正蒙》:“民吾同胞,物吾与也。”

《朱子语类·卷二十》:“仁者,爱之理;爱者,仁之事。仁者,爱之体;爱者,仁之用。”

【评议】

爱是一种心意,一种力量。

人类因为有爱才能够在一起,彼此理解,彼此包容,共生共存。

天地因为有爱,才化生万物,滋养万物。

爱是人之为人的内在要求与本质规定。

一切德性修为都应当从爱做起,爱亲人,爱他者,爱万物。

5.2.1　行高者,名自高。

5.2.2　人所重,非貌高。

【字训】

“行”,品行,操行。

“高”,高级,上等;高尚,高超;高明。

“貌”,相貌,容貌,外表。

【义解】

品行高尚的人,他的名声自然就高超了。人们所敬重的是他的品行高尚,而不是他的相貌堂堂。

【引典】

《周易·乾卦》:“君子以成德为行,日可见之行也。”

《礼记·典礼上》:“修身践言,谓之善行,行修言道,礼之质也。”

《礼记·儒行》:“不宝金玉,而忠信以为宝;不祈土地,立义以为土地;不祈多积,多文以为富。”

【评议】

人都喜欢好名声,殊不知好名声来自好品行。

有品行的人,声誉鹊起,名望自至,不待硬求。

爱美之心人皆有之,但很多人只注重容颜美,却不知:美是由内而外的显现,品行好才是真正的美。好面孔、好身材很可能都是前世修行的结果。

衡量一个人是好是坏的价值标准,应该是品行高尚与否,而不是相貌美丑。与其金玉其外败絮其中,还不如做人厚道,其貌不扬。如果道貌岸然,却坏事做绝,丧尽天良,依然会被人所吐弃。而身残志坚,又有良能善举,照样美丽无比。

所有的德行都是美的,无一例外。自然之所以是美的,也是因为它体现了苍天好生利物的德行。德美相配,德中有美,美中有德,德美交融,德美相成。

5.3.1　才大者，望自大；

5.3.2　人所服，非言大。

【字训】

“才”，才能，才干。

“望”，名望，声望，威望。

“大”，以……为大；尊崇。

“服”，佩服，信服。

【义解】

才能大的人，他的声望自然就大了。人们所佩服的往往并不是那些只会说大话的人。

【引典】

《论语·泰伯》，子曰：“如有周公之才之美，使骄且吝，其馀不足观也已。”

《论语·子罕》，达巷党人曰：“大哉孔子！博学而无所成名。”

《论语·子路》：“仲弓为季氏宰，问‘政’。子曰：‘先有司，赦小过，举贤才。’”

《荀子·大略》：“口能言之，身能行之，国宝也……口言善，身行恶，国妖也。”

《论语注·卷十四》：“言大而夸，行有不逮，君子耻之。”

【评议】

使用人、评价人，儒家重品德轻才能，法家重才能轻品德。

儒家十分强调人的道德品格的重要性，才能发挥必须确保沿着正确的仁道方向，一旦发生偏差、出现闪失，则前功尽弃，得不偿失。有德无才，至少听话，似可容忍；有才无德，容易犯水，宁可不用。

而法家则任人唯才，属于典型的能力至上主义，有本事就行，确立人性本恶的预设，而并不要求情感上的忠诚度，只要绝对服从就行，充分相信并主要借助于制度管理、规章约束与严刑峻罚的力量，通过苛刻、高压、强力的行政手段与单纯的利益诱惑而逼人做事。

人要想出名，只需在两件事情上努力，一是高尚的品行，一是卓越的才能，除此都不是正路。动歪脑筋，想歪主意，吹破牛皮，做秀取宠，剑走偏锋，往往并不靠谱，即使出了名，也难保善终，早晚都得惹出事端。

5.4.1　己有能，勿自私；

【字训】

“能”，能力，本领。

“私”，个人；偏爱；秘密。

【义解】

自己有某种才能，千万不要只为自己所用。

【引典】

《墨子·兼爱下》:“为彼,犹为己也。”

《礼记·礼运》:“大道之行也,天下为公。”

《礼记·礼运》:“货,恶其弃于地也,不必藏于己;力,恶其不出于身也,不必为己。”

《尹文子·大道上》:“为善于众行之,为巧与众能之,此善之善者、巧之巧者也。”

《晋书·卷八十四·殷仲堪传》:“勿以己才而笑不才。”

《呻吟语·应务》:“君子与人公事,当公人己而不私。苟事之成,不必功之出自我也;不幸而败,不必咎之归诸人也。”

【评议】

仁者,爱人,先爱自己,再爱别人。正因为有爱与被爱,人类才不至于早早灭绝,才能够繁衍出一代代子孙,相互搀扶着走到今天。

做人不能忘本。你的任何一次成功,其实都得益于因缘际会,有赖于各种因素的共同作用,并不只是你个人努力的直线结果。人发达了,不妨经常反问一下自己,比你聪明、比你能干、比你素质好、比你有背景的人多的是,凭什么恰恰是能你有今天这个样子?你身上的哪项本事是你自己的?或许你慢慢就会明白:没有别人,你也就啥都不是。

发财不忘回报社会,有本事不能只顾自己,这样才能够进德致善,而与周遭一切构成良性的生态循环。

5.4.2　人所能，勿轻訾。

【字训】

“所”，特指代词，与动词结合，表示“……的”、“……人(或事、物)”、“……的处所”、“……原因”，“用来……的”。

“訾”，zī，指责，非议，诋毁。清麓本作“訿”。

【义解】

别人有某种才能，不要轻易诋毁和指责。

【引典】

《礼记·表记》：“君子不以其所能者，病人；不以人之所不能者，愧人。”

《汉纪·高祖纪三》：“项羽嫉贤妒能，有功者害之，贤者疑之。”

《菜根谭·一二〇》：“毋以己之长而形人之短，毋因己之拙而忌人之能。”

【评议】

人不可能绝对平等，伸出五个手指头都不一样齐，当然就有能力大小、水平高低的区分了。正视差距，调整心态，向前看齐，乐观进取。

对于那些能力强于自己、水平高于自己的人，应该怀有一份敬畏、仰慕之心，努力寻找机会就近请教，只恨自己怎么还没赶上和超过他们呢。而如果陡生嫉妒、愤恨之情绪，甚至进行语言诋毁、行为攻击，只能暴露出你的狭隘和恶毒。

能者多劳，能者多得，能者就应该有更多的表现机会，得到的资源也多，这是天经地义的事情。如果还不服气，你就先把自己能力提高了再说。

5.5 勿谄富，勿骄贫。

【字训】

“谄”，chǎn，巴结，奉承。

“骄”，骄横，傲慢；放纵。

【义解】

富人面前不要巴结、奉承，穷人面前不要骄横、傲慢。

【引典】

《论语·学而》：“贫而无谄，富而无骄。”

《荀子·修身》：“谄谀我者，吾贼也。”

《韩非子·六反》：“骄忿则行暴。”

《潜夫论·交际》：“苟善所在，不讥贫贱；苟恶所错，不忌富贵。”“己之所无，不以责下；我之所有，不以讥彼。”

《药言》：“事系幽隐要思回护他，著不得一点攻讦念头；人属寒微要思款接她，著不得一毫傲睨气象。”

【评议】

君子道行深厚，心若止潭，不易为外物所撼，不易为关系所累，不易为事境所动。

如果你以富为富、以贫为贫，说明你还没有把世相看穿看透，你仍然还是没有跳出贫富关系漩涡的俗人一个。今天你谄富骄贫，如果明天富人变穷人、穷人变富人，你还有脸见到他们不？所以，做人还是以不变应万变的好，修得中和气，平心看浮云。

在君子面前，贫富一如，贵贱无二。所以，《孟子·滕文公下》说："富贵不能淫，贫贱不能移，威武不能屈。此之谓大丈夫。"

5.6 勿厌故，勿喜新。

【字训】

"厌"，憎恶，嫌弃。

"故"，旧；旧的东西；老朋友。

【义解】

不厌恶老友故交，也不盲目喜爱新知新朋。

【引典】

《老子·二十七章》："是以圣人常善救人，而无弃人；常善救物，而无奇物。"

《左传·庄公二十四年》："俭，德之共也；侈，恶之大也。"

杜甫《佳人》："合昏尚知时，鸳鸯不独宿。但见新人笑，那闻旧人哭。”

白居易《母别子》:“新人迎来旧人弃,掌上莲花眼中刺。”

【评议】

喜新厌旧是人的原始本能,儒家君子就是要在限制并引导这种原始本能的修为历练中呈现出不厌旧、不喜新而博爱所有存在者的人性。

无论是对物,还是对人,喜新厌旧都是一种奢侈与浪费,因而也都是有问题的。物还没有用完就被你扔了,人还没有死就被你冷落了,这肯定不是君子之所为。

物还可用就当垃圾,人还活着硬让死亡,良知断绝,价值报废,谁能甘心?所以,人尽其能、物尽其用才是一种仁民爱物的正确态度。

5.7　人不闲,勿事搅。

【字训】

“闲”,空闲,清闲。

“搅”,扰乱,打扰。

【义解】

别人正忙,就不要给他找事添事,尽量不去打搅。

【引典】

《论语·阳货》:“恭则不侮。”

《旧唐书·席豫传》:“不敬他人,是自不敬也。”

《呻吟语·应务》:“肯替别人想,是第一等学问。”

《说文解字·手部》:“搅,乱也。从手,觉声。”

《汉字源流字典》:“搅,本义为搅拌使乱。”

【评议】

跟人打交道,就得为别人着想点,多考虑一下别人的感受便不至于太冒失,不能什么都由着自己的性子来。跟人说话、求人办事之前,不妨先在心里问一问:“他现在空不空?”“他方不方便?”“会不会为难他?”“是不是打搅他了?”“有没有耽误他自己的事儿?”……想好了再找也不迟。忽视别人状态,不顾别人情绪,走上去就大呼小叫、问这问那,就显得鲁莽、草率、没素养。

尊重别人,就得学会给别人留有一定的时间和空间,不去挤压他,不给他添事儿。别人放下手头上的活,接待你,陪着你,其实,你已经扰乱了他原有的存在秩序。所以,不到万不得已,最好别麻烦人。求人不如求自己,遇到问题尽量自己解决。“不麻烦别人”,是文明人的重要标志之一。

与别人保持适当的距离,也是为自己留有必要的进退余地。

5.8 人不安,勿话扰。

【字训】

“安”,安心;安适。

“扰”，劳烦不宁；扰乱，纷扰；侵扰。

【义解】

别人如果身心不太舒适，就不要说话干扰他。

【引典】

《孟子·离娄下》：“恭者不侮人，俭者不夺人。”

《新序·杂事三》：“厚者不损人以自益，仁者不危躯以要名。”

《说文解字·手部》：“扰，烦也。”

【评议】

语言是有力量的，甚至还有暴力倾向。语言里始终存在着霸权。

别人身心不太舒适的时候，本来就很烦躁，最需要的是安安静静地休息，而你却喋喋不休，话唠不停，没完没了，更让人家神志不宁，是君子都会于心不忍的。

别人状况不好，或者，最近有点麻烦，但我又有事情要找他帮忙，怎么办呢？如果不管三七二十一，就直接去请求、拜托，把事情的压力与负担都转嫁、卸除给人家，则无异于一种损人益己、自私自利的行为。正确的做法应该是，给人家留下足够的时间和空间，让人家好好调整，自己耐心候着，等他恢复正常了再前往打搅。否则只会给别人添堵、添乱，对自己事情肯定也没什么好处。

5.9.1 人有短，切莫揭；

5.9.2 人有私，切莫说。

【字训】

“短”，不足；短处，缺点。

“私”，隐私，秘密。

【义解】

别人有缺点毛病，千万不要予以揭穿。别人有隐私秘密，绝对不可说出来。

【引典】

《礼记·少仪》：“不窥密。不旁狎。不道旧故。不戏色。”

《薛瑄全集·理学粹言》：“人有不及者，不可以己能病之。”

《琼琚佩语·接物》：“君子不以己长露人之短……言人之短谓种祸。”

《童蒙须知·语言步趋》：“凡闻人所为不善，下至婢仆违过，宜且包藏，不应便尔声言。当相告语，使其知改。”

《传家宝·二只消》：“见人不是处，只消一个容字；处己难过处，只消一个忍字。”

【评议】

有意揭人家短处，也暴露了你的短处：不尊重别人。

到处说人家隐私，也暴露了你的隐私：容不下别人。

仁义礼智信，虽出于儒门之归纳总结，但又为全体中国人所认同，堪称我们民族的核心价值，历经数千年不变。“五常”之中，“智”很重要，分清善恶是非，识别好坏对错，勘破事相关系，明了仁道根本，辨析什么是应该的，什么是不应该的，什么可以做，什么不可以做。智在行前，智在行上。无智而行，难保其善。

做人必须学会开启“五常”之“智”，晓得了谁能没有短与私、本不该公之于众的道理，就可以正视别人的短与私，而不至于动辄揭发和轻易说破了。

5.10　道人善，即是善；人知之，愈思勉。

【字训】

“道”，讲，说。

“思”，清麓本、津河本作“加”。

“勉”，miǎn，尽力，努力。

【义解】

称赞别人的好，就等于自己有了好。别人一旦知道你对他的称赞，就想更加努力去做好事了。

【引典】

《论语·季氏》：“乐道人之善。”

《易传·大有·象》：“君子以遏恶扬善。”

《礼记·表记》:“彰人之善而美人之功。”

《大戴礼记·曾子立事》:“己善,亦乐人之善也;己能,亦乐人之能也。”

《韩昌黎先生集·答元侍御书》:“乐道人之善,则天下皆去恶为善。”

《治家格言》:“人有喜庆,不可生嫉妒心;人有祸患,不可生喜幸心。”

《呻吟语·修身》:“与其喜闻人之过,不若喜闻己之过;与其乐道己之善,不若乐道人之善。”

《西岩赘语》:“天下第一好事,莫如诱人为善,圣贤所以为圣贤,只是欲引天下后世之人皆入于善。”

【评议】

世间能够“闻誉恐、闻过欣”的人,很少,圣贤之属也。大多数人都是“闻过怒、闻誉乐”,凡夫俗子之类也。所以,儒家便因材施教,正视大多数人这一本能特性而有针对性地制定出修身法则,提出言行要求,强调“道人善”,而不“扬人恶”。

一般人都需要表扬,所以做人要学会表扬人。儒者表扬人必须以正直为前提,而不可挟藏私心。

儒家以为,表扬人对自己、对别人都有好处,自己可以积攒一德,别人也可以被激励而更加努力地做好事,何乐而不为!嘴边一句表扬的话,往往具有很大的鼓舞作用,满满的正能量能够催人进发,不断向善,甚至,不经意间就影响别人一辈子。

教育始终是一门鼓励的艺术。孩子每完成一件小事，别忘送上你的赞赏！每晚睡觉前，别忘问孩子一句："今天你被表扬了吗?"或者，"今天你做了哪件好事?"

如果人人都能够表扬别人，就不需要自我表扬了。

表扬并不一定需要奖励，表扬本身就是一种奖励，以奖励为条件与动力的好事，往往是危险的。

5.11　扬人恶，既是恶；疾之甚，祸且作。

【字训】

"扬人恶"，周氏本作"扬人短"。

"扬"，称扬，宣扬。

"疾"，憎恨，痛恨；非议。

【义解】

到处宣扬别人的罪恶，这本身就是一种罪恶。一旦别人因此而痛恨你到了极点，肯定会招来灾祸。

【引典】

《论语·颜渊》："攻其恶，无攻人之恶。"

《论语·颜渊》："忠告而善道之，不可则止，毋自辱焉。"

《小学·嘉言》："好议论人长短，妄是非正法，此吾所大恶也，宁死不愿闻子孙有此行也。"

《菜根谭》："攻人之恶毋太严，要思其堪受；教人以善毋过高，当使其可从。”

《呻吟语·慎言》:“责人到闭口卷舌、面赤背汗，犹刺刺不已，岂不快心！然，浅隘、刻薄甚矣！故君子攻人，不得过七分，须含蓄以养人之愧，令其自新，则可。”

《呻吟语·人情》:“攻人者，有五分过恶只攻他三四分，不惟彼有余惧，而亦倾心引服，足以塞其辩口。攻到五分已伤浑厚，而我无救性矣。若更多一分，是贻之以自解之资，彼据其一而得五，我贪其一而失五矣。此言责家之大戒也。”

《魏源集·默觚上·学篇三》:“为人何其厚，为己何其薄?”

康有为《论语注》:“责己厚，故身益修；责人薄，故人易从。责己厚，则人信其公；责人薄，则人服其宽。”

【评议】

做坏事，心理素质要好，脸皮不厚、胆子不肥，趁早歇歇。与其整天担惊受怕，还不如安安稳稳过日子为好！

别人作恶，已经有犯罪感了，心病重重，不堪重担。你再到处宣扬，扩大坏的影响，无疑加重其心理负荷。一旦将其逼到极限，精神崩溃，强烈反弹，不顾一切而非为，那你就大祸临头了。所以君子一般不言人恶，宁愿相信其自身能够改过迁善。

有错就得批评，作恶必须谴责，犯了罪理当受到法律制裁。批评、谴责讲究艺术，注意方式方法，尽量为其留有反省、自救的余地。法律制裁要求核定罪责，不轻饶，不重惩，公正严明，好人冤不了，坏人跑不掉。

5.12.1　善相劝，德皆建；

5.12.2　过不规，道两亏。

【字训】

“规”，劝诫，规劝。

“道”，道义，道理。

【义解】

劝别人做好事，这样，彼此的德行都会有所长进。看到别人犯错误却不加以规诫，这对双方的为人都是损失。

【引典】

《论语·颜渊》，子曰：“君子成人之美，不成人之恶。小人反是。”

《左传·隐公六年》：“善不可失，恶不可长。”

《礼记·坊记》：“善则称人，过则称己，则民让善。”

《盐铁论·后刑》：“古之君子，善善而恶恶。”

《袁氏世范·处己》：“勉人为善，谏人为恶。”

《陆游集·剑南诗稿·读吕舍人诗追次其韵》：“有过当相规，有善当相告。”

《四礼翼·蒙养礼》：“德业相劝勉，过失相箴规，乃为益友。”

【评议】

做好事总是愉快的，有道德的行为总是互赢互利的。无论是劝善，还是止恶，别人直接受益，自己也会进仁补义。两相满足，彼此快乐，这样便创造出一个祥和有伦、安适有序的仁道生态，良性循环，交替不已。

每个人既都是道德的践行者，又都是道德的裁判员，谁都不能袖手旁观。所以，日用生活中，遇好遇坏，最好都表个态，或赞扬，或批评，都得说一声。《传家宝·金言》曰："见人为不义事，须劝止之。知而不劝，劝而不力，令友过遂成，亦我之咎也。"做人不能太阴，还是阳光点好！不劝人行善，不制止别人作恶，以为这样就可以明哲保身，其实于德无补，于事无成。

5.13.1　凡取与，贵分晓；

5.13.2　与宜多，取宜少。

【字训】

"分晓"，区分清楚，明白界限。

"与"，给，给予。

"与宜多，取宜少"，清麓本作"与宁多，取宁少"。

【义解】

与人交往，是索取，还是给予，划分清楚很重要。给予别人的总应该多一些；自己索取的则应该少一些。

【引典】

《论语·宪问》："义然后取，人不厌其取。"

《礼记·乡饮酒义》："先礼而后财，则民作敬让而不争矣。"

《老子》:“夫唯不争,故天下莫能与之争。”

《菜根谭·十六》:“宠利毋居人前,德业毋落人后;受享毋逾分外,修为毋减分中。”

【评议】

人都有爱财、贪取之心,属于人的一种原始本能。儒家入世,还得生活,所以并不主张完全放弃,绝对禁欲,或无私奉献,而是通过积极修为,导之以义,制之以礼,在付出与回报之间拿捏尺度,把握辛劳与享受之间的张力,因欲成德,驭利向善,而推进仁道理想的有效落实,呈现人之为人的本质意义。所以,《增广贤文》曰:“君子爱财,取之有道。”

人活世上,尽量多索取,还是尽量多给予,这不只是一个利益得失的问题,还是一个道义伦理的问题。马路乞丐总在伸手,亿万富翁不停捐助,一取一与,一得一舍,你愿意选择前者呢,还是后者呢?

多索取的人都以为自己赚了,没吃亏,其实未必,多给予的人往往才是人生的赢家。不舍不得,多舍多得。

5.14.1 将加人,先问己;

5.14.2 己不欲,即速已。

【字训】

“加”,施加,加上去。

“已”，止，停止。

【义解】

想施加给别人的，必须首先问一问自己想不想要。如果连自己都不想要，那就应该立刻停止。

【引典】

《论语·公冶长》，子贡曰：“我不欲人之加诸我也，吾亦欲无加诸人。”

《论语·颜渊》，子曰：“己所不欲，勿施于人，在邦无怨，在家无怨。”

《礼记·大学》：“所恶于上，毋以使下，所恶于下，毋以事上；所恶于前，毋以先后；所恶于后，毋以从前；所恶于右，毋以交于左；所恶于左，毋以交于右。此之谓絜矩之道。”

《四书章句集注·中庸章句》：“尽己之心为忠，推己及人为恕。”

《朱子语类·卷四十二》：“所欲者必以同于人，所恶者不以加于人。”

《呻吟语·应务》：“处世只一恕字，可谓以己及人、视人如己矣，然有不足以尽者。天下之事，有己所不欲而人欲者，有己所欲而人不欲者，这里还须理会，有无限妙处。”

《忠恕而仁·卷三》：“有诸己，推于人，设身处地、将心比心，是儒家爱人的基本方法。”

【评议】

孔门儒学修身体仁的核心工夫,《论语·里仁》中,曾子概括说:“夫子之道,忠恕而已矣。”董仲舒曾引“世子曰:功及子孙,光辉百世,圣人之德,莫美于恕。”(《春秋繁露·俞序》)掌握了恕道,并能够勉力践行,做人不仅无大错,还可以成美德。

儒家恕道要求人们善于推己及人,将心比心、以心度心、以心揆心。说话、做事都能够主动替别人想一想,设身处地地考虑一下别人的感受,别把自己的所怨、所恨、所怒、所悲无意间传递给别人,让别人跟着痛苦。

践行恕道,看上去并不难,每个人都会那么一点儿;但又不容易完全做到,一时一事可以,持之以恒、辐射方方面面则不可能;至于做好了、做足了则更是难上加难,堪称儒家工夫的最高境界。

5.15.1　恩欲报,怨欲忘;

5.15.2　报怨短,报恩长。

【字训】

“恩”,恩惠;情谊。

“怨”,责怪;埋怨;抱怨;怨恨。

“报”,回报,报答。

【义解】

受人恩惠，一定要报答；对人有怨恨，一定要淡忘。怨恨别人的时间越短越好，而报答别人恩情，则越长越好。

【引典】

《诗经·大雅·抑》："投我以桃，报之以李。"

《战国策·信陵君杀晋鄙》："人之有德于我也，不可忘也；吾有德于人也，不可不忘也。"

《礼记·表记》："以德报怨，则民有所劝。以怨报怨，则民有所惩。"

《醒世恒言·卷五》："但行刻薄人皆怨，能布恩施虎亦亲。奉劝人行方便事，得饶人处且饶人。"

《菜根谭》："我有功于人，不可念；而过，则不可不念。"

【评议】

人活世间，求于人，得罪人，都在所难免。

得人恩泽、与人结怨之后，如何妥善处理，恰当回馈对方，考验着君子德行。

做人要学会感恩，滴水之恩涌泉相报，不带一点愧疚睡觉。

做人也要学会化解冤仇，冤家宜解不宜结，冤冤相报何时了。所以，君子得饶人处且饶人，宽待别人宽自己。

感恩越久远，自己的心情越舒畅。

冤仇越积越深，最压抑、最痛苦的只能是自己。

5.16.1　待婢仆，身贵端；

5.16.2　虽贵端，慈而宽。

【字训】

“婢”，bì，婢女，女奴仆。

“仆”，pú，奴仆，仆人。

【义解】

对待家中的婢女和仆人，自身品行端正很重要；即便自身品行端正了，还要让他们感到你的仁慈与宽厚，这就完美了。

【引典】

《论语·乡党》：“厩焚。子退朝，曰：‘伤人乎？’不问马。”

《礼记·曲礼上》：“虽负贩者，必有尊也”。

《勤有堂随录》：“大抵自下者，人必高之；自高者，人必下之。”

《省心录》：“和以处众，宽以待下，恕以待人，君子人也。”

《菜根谭》：“待善人宜宽，待恶人宜严，待庸众之人宜宽严并存。”

《传家宝·知世事新言》：“凡见贫贱之人，不宜倨慢，当益谦和，以礼待之。”

《童蒙须知·杂细事宜》：“凡待婢仆，必端严，勿得与之嬉笑。”

【评议】

仁者爱人，爱所有的人。奴仆也是人，也一样为人子女、为人父母、为人亲戚朋友。主人与奴仆，社会地位、职事分工虽有不同，但所需要的爱与尊严都是一样的。

儒家强调仁者爱人，泛爱众，但爱有差等，次第有别。《孟子·尽心上》说："君子之于物也，爱之而弗仁；于民也，仁之而弗亲。亲亲而仁民，仁民而爱物。"

爱物，则把物当物，有珍惜心就够了，不能同情，不需可怜。关爱自然，保护资源，人类中心，尽其所用，不浪费，不糟蹋，不暴殄天赐。人们如果都像爱人那样爱物，不忍心对物下手，不吃植物，不杀动物，那么人类自己也就没法存活了。

"仁民"，仁者，爱也；民者，人也。仁民即为爱人。而爱人，情感投入则远高于爱物，人们已经开启了良知良能，不忍人之心显现，"四端"萌发，以己度己，把人当人，而不是把人看做单纯的对象物而肆意开发和利用。把别人当成工具使唤是极其不厚道的，人都是目的，不能把彼此当作手段。然而，爱别人，也分亲疏、远近、三六九等有别，寓情寄意各有讲究，但都不可能像爱自己家人那样一贯、投入、专注而责无旁贷。

儒家重亲，非同寻常。亲亲为大，亲情至上，始终将家庭关系、家族关系置于优先地位。"亲亲"，爱亲人，或使与自己有血缘关系的人更加相爱、更加靠近。一旦血脉根基先天生成，便应该无条件地亲亲，不可推卸，不可耍赖，没有退路。将"亲亲"

落实于日用生活，则要求父慈、子孝、兄友、弟恭。

所以，孙奭《孟子正义》说："君子布德，各有所施，事得其宜"，"用恩有其伦序"，而并非物人不辨，亲疏无别，厚薄勿分。

5.17.1　势服人，心不然；

5.17.2　理服人，方无言。

【字训】

"势"，力，力量；强力；权力。

"然"，如此，这样。

"理"，道理，真理，天理。

【义解】

以势力降服别人，别人心里却不以为然。用道理去感化，别人才会心悦诚服，无话可说。

【引典】

《管子·弟子职》："温桑孝悌，毋骄恃力。"

《孟子·公孙丑上》："以力服人者，非心服也，力不赡也。以德服人者，中心悦而诚服也。"

刘备《先主遗诏敕后主》："惟贤惟德，能服于人。"

《中说·立命》："君子服人之心，不服人之言；服人之言，不服人之身。"

《座右铭类编·交接》:“人好刚,我以柔胜之;人用术,我以诚感之;人使气,我以理正之。天下无难处之事矣。”

《曾文正公家训》:“势不多使,少管闲事,少断是非,无感者亦无怕者,自然悠久矣。”

【评议】

靠强力、靠权力是征服不了人的。

以力服人,管得了一时,外服内不服;以理服人,管得了一世,服了又不服;以德服人,天下归往,想不服都不服,这才是真正的心悦诚服。

然而,势与理,许多时候恰恰又统一难辨、彼此勾连、相互交织而协调作用。权贵、权势、权力本身就是一种力量,经常也表现为一种摧枯拉朽、不可阻挡的大势所趋,现实过程、历史演进之中早已渗透了理的逻辑必然。而道理、真理、天理并不只是书本卷册上单薄、脆弱的字面符号,它们当中也蕴涵着惊天风雷之豪壮、千军万马之气势,甚至也并不缺乏足以杀人越货、涂毒生灵的暴力。一切意识形态、常识话语系统本身就是力量角逐、权力博弈的现实结果。

第六章　亲仁

6.1.1　同是人，类不齐；

6.1.2　流俗众，仁者希。

【字训】

“类”，种类，类别。

“齐”，整齐；同等，相等。

“希”，少，稀少。

【义解】

同样是人，品类却参差不齐；跟着潮流走的俗人永远占大多数，有仁德的人却总少之又少。

【引典】

《管子·权修》：“观其交游，则其贤不肖，可察也。”

《全唐诗外编·补逸·王梵志诗》：“结交须择善，非识莫与心。”

《小学·嘉言》：“陈忠肃公曰：幼学之士，先要分别人品之上下，何者是圣贤所为之事，何者是下愚所为之事。向善背恶，去彼取此，此幼学所当先也。”

【评议】

儒家一向具有直面现实的品格，针对人心本能而提出系统的改造方案，始终致力于仁义化生，大道流行，而让人成其为人，让社会成其为社会，让世道成其为世道，其方法密切联系日用生活而不尚理论空谈，其态度积极有为而不悲观绝望。

礼崩乐坏，才需要秩序。世道乱了，才需要治理。人分类别，爱有差等。天下越乱，越能彰显出仁道理想的崇高，越需要儒家发挥积极的拯救功能；俗人越多，越能烘托出仁者的圣洁与可贵。

茫茫人海，芸芸众生，你究竟是取法乎仁者，还是效仿于俗人，心中自当有谱！孔子提醒人们说：“道不同，不相为谋。”（《论语·卫灵公》）

6.2.1 果仁者，人多畏；

6.2.2 言不讳，色不媚。

【字训】

“果”，真的，果真，果然。

“讳”，隐瞒，忌讳。

“媚”，取悦，谄媚，讨好。

【义解】

真正有仁德的人，人们对他心怀敬畏；他说话不会有所隐讳，脸上也看不到讨好别人的表情。

【引典】

《论语·里仁》："不仁者不可以久处约，不可以长处乐。仁者安仁，知者利仁。"

《论语·阳货》，子曰："巧言令色，鲜矣仁。"

《论语·子张》，子夏曰："君子有三变：望之俨然，即之也温，听其言也厉。"

《论语·卫灵公》："志士仁人，无求生以害仁，有杀身以成仁。"

《礼记·儒行》："可亲而不可劫也，可近而不可迫也，可杀而不可辱也。"

【评议】

仁人君子，是儒家的理想人格，其言达乎圣，其行至乎贤，其心坦荡荡可通于天地万物，其形象高大上可垂范百姓、移风易俗，其品格超然卓越而脱离低级趣味，因而成为所有人修为践履的努力目标。

君子为人，坚韧刚毅，正直不阿。对现实，始终保持一份清醒的理性判断和一种勇敢的批评精神，引领世道，熏陶习气，因而经常代表着社会的良心。见善，能够当仁不让；见恶，能够嫉恨如仇。爱憎分明，大义凌然。为了仁道真理，即便赴汤蹈火，奉献所有，也在所不辞。

6.3.1 能亲仁，无限好；

6.3.2 德日进，过日少。

【字训】

“亲”，近，接近。

“进”，向前移动；提升，提拔。

【义解】

能够亲近有仁德的人，经常向他学习，就会受益无穷；这样，自己的德行也会逐渐长进，过错就会逐渐减少。

【引典】

《论语·述而》：“三人行，必有我师焉。择其善者而从之，其不善者而改之。”

《论语·卫灵公》：“友其士之仁者”。

《礼记·儒行》：“儒有忠信以为甲胄，礼义以为干橹；戴仁而行，抱义而处；虽有暴政，不更其所。”

《后汉书·爰延列传》：“善人同处，则日闻嘉训；恶人从游，则日生邪情。”

《戒子孙》：“人非善不交，物非义不取，亲贤如就芝兰，避恶如畏蛇蝎。”

【评议】

人活着究竟是为了什么，虽然谁都回答不上来，谁都说不清楚，但活着还是应该有一个明确目标的，那就是：做一个有德行的君子。修身进德需要一个漫长的过程，但方向一定不能错，错了就全盘皆输。

虽然说“为仁由己”（《论语·颜渊》），主体自觉始终起决定性作用，但环境氛围也很重要，不可忽视。跟好人学好人，主动亲近身边的仁人君子，有意接受其善行美德的熏陶，耳濡目染，感化心灵，肯定会对你自己的修身有助益。但再好的环境氛围，如果主观不努力或努力得不够，或成仁的理想缺乏、动力不足，或方法不对，也于事无补。

6.4.1　不亲仁，无限害；

6.4.2　小人进，百事坏。

【字训】

“亲”，近，接近。

“进”，入，进入。

【义解】

如果不肯亲近那些有仁德的人，许多害处就不可避免了。于是，道德败坏的坏人、恶人就会乘虚而入，做什么事都没有好结果。

【引典】

《论语·季氏》:“乐多贤友,益矣。”

《论语·季氏》:“益者三友:友直,友谅,友多闻,益矣;损者三友:友便辟,友善柔,友便佞,损矣。”

《荀子·劝学》:“君子居必择乡,游必就士,所以防邪僻而近中正也。”

《菜根谭·二〇八》:“闻恶不可就恶,恐为谗夫泄怒;闻善不可即亲,恐引奸人进身。”

【评议】

人以类聚,物以群分。正人君子你不接触,就有可能跟五二八鬼之徒为伍,所以,交友之前必须认真选择一下,看看人如何,不可不辨。

跟人处朋友,聪明的人往往是先选择对象,悄悄考察一下他的人品,以为值得交往、能学到东西的,然后再进一步走下去,时间越长则感情越深。相反,许多做事不稳重的人则一般都是先这么来往着,等发现对方有不少毛病,甚至是足以致命的弱点,方方面面的问题都暴露出来,实在无法忍受了,再想办法切割、分手,则为时已晚,祸害已酿。

第七章　学文

7.1.1　不力行，但学文，长浮华，成何人？

【字训】

"力行"，努力推行，勉力践行。

"长"，zhǎng，增长，助长。

"浮华"，外表华丽，其实不然。

【义解】

如果不努力把孝、弟、谨、信、泛爱众、亲仁之类的德性要求付诸行动，而只满足于学习一些书本知识，就容易助长虚幻浮华的习气，这样下去真不知道会成为什么样的人呢?!

【引典】

《墨子·修身》："士虽有学，而行为本焉。"

《荀子·儒效》："学至于行而止矣。"

《法言·修身》："君子强学而力行。"

《传习录》："未有学而不行者也。如言学孝，则必服劳奉养，躬行孝道，然后谓之学，岂徒悬空口耳讲说，而遂可以谓之学者乎？”

《传习录》：“真知即所以为行，不行不足谓之知。”

《颜元集·存学篇》：“心中醒，口中说，纸上作，不从身上习过，皆无用也。”

《菜根谭》：“讲学不尚躬行，为口头禅。”

【评议】

学与行，或知与行、言与行，或道德认知与道德践履，内在关系纠结，实际操作难分，界限辨得太清反倒不真实。

行大于文，行重于文。行、文不可兼得的时候，宁愿舍弃文。

道德不是知识，德育不可能、也不应该被智育化。

好的德行是一点一滴做出来的，而不是考试考出来的，分数的高低根本不能衡量一个学生的情操品格。高智商人的头脑里必须时刻绷紧道德伦理这根弦，否则相对于普通人，其祸害会变本加厉，一发不可收拾。

7.1.2 但力行，不学文，任己见，昧理真。

【字训】

“但”，只，只是，仅仅。

“任”，听凭，凭恃，放任。

【义解】

而如果只顾努力去做，却不学习书本知识，忽略理论提升，则容易被自己狭隘的经验见解牵着鼻子走，而遮蔽了大道真理。

【引典】

《论语·卫灵公》："吾尝终日不食，终夜不寝，以思，无益，不如学也。"

《传习录》："知是行的主意，行是知的工夫，知是行之始，行是知之成，知和行是一个本体、一个工夫，知而不行，只是未知。"

《薛方山纪述·一》："古之学者，知即为行，事即是学；今之学者，离行言知，外事言学。"

【评议】

行与文之间，最理想、最可靠的关系形式是彼此结合，相辅相济，共生共成。

有文无行不落实，有行无文难提高。没有实践练习，所有的德性法则都不可能兑现，但太拘泥于个体经验，则不可能获得理性升华，理论的先导性、前瞻性不可否认。个体的修为工夫离不开道德理性的引领与指导，自我的道德经验只有提升到形上高度才能够获得普适价值，因而可以走得更远。

没有道德践履，道德认知只是一纸空文，了无价值。没有道德认知，道德践履便会失去方向，寸步难行。

7.2　读书法，有三到：心眼口，信皆要。

【字训】

“信”，的确，确实。

“要”，重要，主要，关键。

【义解】

读圣贤书的方法讲究“三到”：心到、眼到、口到。这“三到”实在是都很重要啊！

【引典】

《童蒙须知·读书写文字》：“余常谓读书有三到，谓心到，眼到，口到，心不在此，则眼不看仔细，心眼既不专一，却只漫浪诵读，决不能记。”

《程董二先生学则·读书必专一》：“必正心肃容，记遍数，遍数已足，而未成诵，必须成诵，遍数未足，虽已成诵，必满遍数。”

【事迹】

《潜庐随笔·卷四》记：“郑康父语余曰：耳学、目学至不可少，手学尤要。二十以后，读书以手钞为要义，所谓手学也。专恃耳目，必无所得，此真甘苦之言。……予又因康父言悟：口耳之学不如目学，目学不如手学，手学不如心学，心学不如足学。必足学而学乃尽。何谓足学？躬行实践而已。”

【评议】

把人做好，未必都要读书。书读得好，做人未必就好。

没读过一天书的文盲照样可以做顶天立地、问心无愧的君子，古今中国都不乏其人。

读书是为了做人，那是读的圣贤书。读书是为了找工作，那是读的专业书。

读书与做人相统一，古代易，今天难。只强调知识学习，而轻视道德养成，这样的教育肯定是失败的，迟早都要祸害社会、祸害民族。没有文凭，好好做人，一辈子也没啥遗憾的。但如果没有德行保证，高知也可能犯罪。所以，读书要读圣贤书，做人不会偏方向。

读书方法万万千，不用心全都白费。化整为零，分解压力。死记硬背，一定很累。在理解中学习，在反思中理解。善于把枯燥的知识原理还原为日常生活的具体案例，让学习变得轻松，让吸收变得自然。有规律地生活，有规律地学习，在生活中学习，在学习中生活，这样都不会成为负担。

7.2.1　方读此，勿慕彼，此未终，彼勿起。

【字训】

“方”，正，正在。

“慕”，向往，羡慕。

“起”，开始，发动。

【义解】

读着这里，就不要想着那里。这里的还没读完，就不要开始读那里的，否则就容易一事无成。

【引典】

《传家宝・读书切忌贪多》：“贪多则不熟，务博则不精，欲速反迟。此是学人大病。”

《程董二先生学则・读书必专一》：“一书已熟，方读一书。毋务泛观。毋务强记。非圣贤之书，勿读。无益之文，勿观。”

《钝吟杂语・卷二》：“开卷疾读，日得数十卷，至老死不懈，可曰勤矣，然而无益。此有说也，疾读，则思之不审，一读而止，则不能识忆其文，虽勤读书，如不读也。读书勿求多，岁月既积，卷跌自富，经史大书，只一遍读亦不尽。”

【评议】

书有书的读法。阅读面越广，延伸的空间越大；知识基础越大，向上发展的可能性就越多。但读书贵在专，沿着某个问题一直钻下去，定有大收获。研究性读书能够深入内里，知其然又知其所以然，来龙去脉都弄得清清楚楚，专家都是这么产生的。

知识爆炸的时代，信息量与时剧增，读不胜读，无穷无尽，已经远远溢出正常人的接受能力。不先选择，埋头便读，就会被淹死。实际上，书未必越多越好，一个人一辈子把一本书读精读透也就不错了，不管是圣贤经典还是专业经典。所以，儒家强调“诚者，物之终始，不诚无物”（《礼记·中庸》）。专心而诚是一种工夫，一种品德，更是一种境界。

7.2.2　宽为限，紧用功；

【字训】

“宽”，宽阔；宽大；放宽；舒缓。

“紧”，急，猛，不拖沓，不松懈。

【义解】

读书是一辈子的事情，期限可以放宽一些，跨度最好长一点。但也不能因为时间宽裕，就拖沓、懈怠，而应该忙里抽空，得闲就读，抓紧用功，日积月累。

【引典】

《论语·述而》：“学而不厌，诲人不倦。”

《论语·泰伯》，子曰：“学如不及，犹恐失之。”

《论语·子张》，子夏曰：“日知其所亡，月无忘其所能，可谓好学也已矣。”

《淮南子·原道训》：“圣人不贵尺之璧，而重寸之阴，时难得而易失也。”

《陶渊明集·杂诗十二首》：“盛年不重来，一日难再晨；及时当勉励，岁月不待人。”

《刘子·惜时》:“天回日转,其谢如矢。……人之短生,犹如石火。……昔之君子,欲行仁义于天下,则与时竞驰,不吝盈尺之壁,而珍分寸之阴。”

《传家宝·安乐铭》:“凡事莫推明日,明日最是误人。”

【事迹】

《笔记小说大观·舌华录·卷一》曰:“刘忠宣教子读书兼力农,尝督耕雨中,告人曰:习勤忘劳,习逸成惰;困之息之,息之困之。”

【评议】

只有读应付考试的书才会觉得累。读圣贤书永远都不会成为精神负担,因为是在修德进善,让身心受益。如果专业书就是圣贤书,圣贤书就是专业书,这样读起来无疑是人生的一大享受,这也应该是天底下最理想的职业,万金不换,做皇帝宰相都不去。

走出校门,就可以告别读书了吗？非也。读书是人之为人的一种存在方式,只要还活着就应该在读书。没有书的生活,不叫生活,过过日子而已。

阅读者,悦读也,应该是越读越快乐,而不是越读越苦逼。

悠闲了读读书,是情趣,生活有滋味。把读书当饭碗,是负担,会不堪其累,这完全是由亏待知识分子的脑残体制造成的。

让读书人有钱,让有钱人读书,这样的社会就有希望了。

7.2.3 工夫到,滞塞通。

【字训】

“滞”,zhì,停留,不流动。

“塞”,堵住,阻塞,闭塞,不通畅。

【义解】

只要工夫下到了,不通的地方自然也就疏解了。

【引典】

《论语·述而》,子曰:“我非生而知之者,好古,敏以求之者也。”

《荀子·劝学》:“学不可以已。”

《菜根谭·一一〇》:“绳锯木断,水滴石穿,学道者须加力索;水到渠成,瓜熟蒂落,得道者一任天机。”

《呻吟语·修身》:“进道入德莫要于有恒。有恒则不必欲速,不必助长,优优渐渐自到神圣地位。……只无恒了,万事都成不得。”

《传家宝·读书》:“读书不在多,但能下精熟工夫,渐次积久,自然有得。”

左宗棠《文襄公家书》:“古人经济学问,都在萧闲、寂寞中练习出来。积之既久,一旦事权到手,随时举而措之,有一、二桩大节目事办得妥当,便足名世。”

【事迹】

《汉书·董仲舒传》记:“董仲舒,广川人也。少治春秋,孝景时为博士。下帷讲诵，弟子传以久次相授业，或莫见其面。盖三年不窥园，其精如此。进退容止，非礼不行，学士皆师尊之。”

《隐居通议·卷一》记：“文公曰：‘书所以维持此心，若一时放下，则一时德性有懈。’此语甚当。又曰：‘工夫自熟中来。’又曰：‘只是熟便自会。’先生于‘熟’之一字，屡言之，不一言之。”

【评议】

圣贤书不是让人读的，而是让人做的。

圣贤书并非要传递给人们专业知识，而是要让人们行善积德，尊重人，敬畏物，言而有信，办事靠谱，寓仁爱于每一时处，砥砺品行于生活的各个细节，日积月累，不厌其烦，活多久做多久，这就是工夫。工夫到处，圆融无碍，天地人物，宇宙性情，一通百通。

读书读出工夫，做人做出样子，人之为人的样子，而不是还原为动物的样子。

7.2.4 心有疑，随札记，就人问，求确义。

【字训】

“札”，zhá，古代书写用的木片。

“札记”，记录读书心得或见闻的笔记。

“确”，确实不虚。

【义解】

遇到心存疑问的地方，要随时做笔记，虚心请教于人，直到找出正确的答案。

【引典】

《论语·八佾》："子入太庙，每事问。"

《论语·卫灵公》，子曰："吾尝终日不食，终夜不寝，以思，无益，不如学也。"

《荀子·非十二子》："不知则问，不能则学，虽能必让，然后为德。"

《论衡·实知》："知物由学，学之乃知，不问不识。"

《陆九渊集·语录》："为学患无疑，疑则有进。"

【事迹】

《在穷记》曰："陆澄读《易》，三年不解意义，王俭戏云：书橱。"

《宋史·张载传》记："终日危坐一室，左右简编，俯而读，仰而思，有得则识之，或中夜起坐，取烛以书。其志道精思，未始须臾息，亦未尝须臾忘也。"

【评议】

头脑里想到的很多，一下笔却只有寥寥几句，所以，好记性不如烂笔头，要养成一个随时记录灵感火花的好习惯。

不动笔不看书。笔记、摘录、眉批、夹注、边按、尾记、提要归纳、圈点符号，等等，都是读书活动的组成部分。一本书好不好，就看圈圈点点有多少。

会读书的人，遇到疑点、难点，每每撞见读不下去的问题，都会刻意逗留，故作停顿，探究竟，觅几微，缓而不急，抓而不放。其心情是痛并快乐着的，不疑不进步，不难不收获。至于问题的解决，要么靠自己思索，要么靠请教别人，要么靠继续读书，终归能够找到答案。

7.3.1　房室清，

7.3.2　墙壁净，

7.3.3　几案洁，

7.3.4　笔砚正。

【字训】

“几”，矮小的小桌。清麓本作“书”。

“案”，长方形桌子。

“砚”，砚台，用于磨墨。

【义解】

读书的房间，要打扫得清净整洁，四周墙壁保持干净，茶几、书桌不要凌乱不堪，笔墨纸砚要摆放端正。

【引典】

《尚书·周书·周官》：“业广惟勤。”

《童蒙须知·洒扫涓洁》:“凡为人子弟,当洒扫居处之地,拂拭几案,当令洁净。文字笔砚,凡百器用,皆当严肃整齐,顿放有常处。取用既毕,复置原所。凡读书,须整顿几案。令洁净端正。将书册整齐顿放,正身体,对书册,祥缓看字,仔细分明读之。”

《传家宝·吉征》:“居室不整,尘灰满案,虽有高堂大厦,亦是衰败之兆。务要修理整齐,撣扫洁净,乃发福兴旺之家业。”

《呻吟语·修身》:“懒散二字,立身之贼也。千德万业,日怠废而无成;千罪万恶,日横恣而无制。皆此二字为之。”

【评议】

读书是一项勤奋的人生活动,需要坚持不懈。看到书就头疼,拿起书就瞌睡,束之高阁懒得一翻,这类人都不是读书的料,还是趁早改行干别的吧!

读书是一种自我麻醉的游戏。书中自有追命鬼,勾我心魂令我醉。书一旦读进去了,就会飙个不停,一站接着一站,永无止境,即使搭上身家性命也在所不惜。

读书,读进去难,读出来更难。笔尖纸头终觉浅,言外之意不在字里行间,生活世界更有书本上学不到的东西,尽信书则不如无书。白纸黑字,最多也就是文凭;本本里写不下的,才是文化。

读圣贤书与贫富没多大关系,好好做人的道理谁都应该晓得。坐在窗明几净的学堂里,花费宝贵的青春岁月,这是多么奢侈的一项人生活动！读书已经被专业化了，显然，读书须在温饱后。穷人如果连生存问题都还没有解决好，那就别太勉强自己了，毕竟吃饭事大，先得活着，然后才讲究有尊严地活着。饭都吃不饱，书怎么能读好呢?！人要想活得潇洒，就千万别把读书当饭碗。

7.4.1　墨磨偏，心不端；

【字训】

“墨”，古人写字工具。早先以竹梃点漆，后来磨石炭为汁而书，称为石墨。汉后，多用松烟、桐煤制成墨块，加水研磨而成墨汁。

“端”，正，端正，端庄正直。

【义解】

墨块磨扁了，说明学习态度不端正。

【引典】

《孟子·滕文公上》：“不直，则道不见。”

《法言·学行》：“学者，所以修性也。视、听、言、貌、思，性所有也。学则正，否则邪。”

《传家宝·二无》：“尽心则无愧，平心则无偏。”

《传家宝·写字》：“研墨，放笔，毋使有声及溅污于外。”

《传家宝·绅瑜》：“惟正，足以服人。”

《训蒙辑要》："写字时，须令端坐，两手均平，两足齐一。读书时，目无旁视，身无动摇，字句清明。"

【评议】

做人要正，读书、写字这档事，没有理由不正。王阳明说过，"公则无不明，正则无不达"（《山东乡试录》），公则明，正则达。

境由心生，心乱境乱。

读书是一种修行，既能够荡涤邪恶，接受给养，又可以发明心性，感通天地。

读书之前不妨先打扫一下自己的内心，腾出空间才能够接受滋养，清净整洁了才不至于污染德性，别让坏东西、脏东西占了你的大脑。心好，看什么都好；心脏，看什么都脏。

7.4.2　字不敬，心先病。

【字训】

"敬"，严肃；慎重；不怠慢，不苟且。

"病"，缺点，弊端；损害；不健康状态。

【义解】

字写得太随便，不工整，说明思想上早已有了问题。

【引典】

《小学·嘉言》："饮食必慎节，字画必楷正。"

《传家宝·写字》:“凡写字,未问工拙,切要专心把笔,务求字画严整,毋得轻易怠惰、潦草欹斜之病。”

《童蒙须知·读书写文字》:“高执笔,双钩端楷书字,不得令手揩著豪。凡写字未问写得工拙如何,且要一笔一书,严正分明,不可潦草。凡写文字,须要仔细看本,不可差讹。”

《钝吟杂语·卷四》:“学者意不诚,心不正,所以不能论古今,只如夫子直道而行,无毁无誉处,都不曾理会。”

【评议】

儒家追求仁道善德,矻矻孜孜,任劳任怨,始终致力于把现实世界的任何事物都作一番理想化改造,看什么都用道德尺度去衡量,做什么都离不开仁义规范去约束,因而经常被指责为泛道德主义。

中国人常说:字如其人。写字已经与做人挂上钩了。能写一手好字,也是一种骄傲,在今天甚至还可以成为一门固定的职业。其实,成不了书法家也没关系,字写得好坏可以不计较,但必须一笔一画,清楚工整,这样才对得起我们老祖宗的伟大发明。

7.5.1 列典籍,有定处;

7.5.2 读看毕,还原处。

【字训】

“列”,陈列,排列。

"处",处所,地方。

【义解】

存放书册典籍,要有固定位置。读完以后,立刻放回原处。

【引典】

韩愈《符读书城南》:"人之能为人,由腹有诗书。"

《传家宝·居处》:"端身正坐,书籍、笔砚等物皆令顿放有常。其当读之书,当用之物,随时从容取出,不得信手乱翻。读用已毕,复置原所,毋令参错。"

【事迹】

《报任安书》曰:"仆诚以著此书,藏诸名山,传之其人,通邑大都,则仆偿前辱之责,虽万被戮,岂有悔哉。"

【评议】

儒家者流,尊重人,敬畏物,认真做好每件事。

对于物,轻轻拿,轻轻放,遵其秩不忍搅乱,循其序而无所损害,役使之而勿侮辱之,消费之而勿糟蹋之。强化资源危机与保护意识,让物尽其用,货尽其值,循环往复,持续发展,充分释放出一物之为一物的内在生机与能量。

敬畏物,不是一天两天的事儿,而是要养成持之以恒的好习惯,天天如此。

书是知识的象征、文明的浓缩,书近乎圣物。所以儒家要求人们对书尤加敬畏。

你的空间里,书的存在,透露出你的品位,提升你做人的档次。家中没有书，三代难出头。

书放哪里了，灵魂就被你放哪里了。

7.5.3 虽有急，卷束齐；

7.5.4 有缺坏，就补之。

【字训】

“卷”，书卷，书册；书的部分。

“束”，shù，系，捆，扎。

【义解】

即使遇到紧急的事情，也要先把书册典籍收拾好，放整齐。如有残缺损坏，应该立刻修补完整。

【引典】

《童蒙须知·读书写文字》：“凡书册，须要爱护，不可污损皱折。济阳江禄，书读未竟，虽有急速，必待掩束整齐然后起，此最为可法。”

《颜氏家训·治家》：“借人典籍，皆须爱护。先有缺坏，就为补治。”

《传家宝·惜字》：“天地精灵字里存，圣贤初制鬼魂惊。休将字纸轻零落，自有书香荫子孙。”

【事迹】

《晋书·杜预传》记：“预常称济（王济）有马癖，峤（和峤）有钱癖。武帝闻之,谓预曰:‘卿有何癖?’对曰:‘臣有《左传》癖。’”

《玉剑尊闻·卷三》曰:“陈继儒嗜古藏异册,每欣然指谓子弟云:‘吾读未见书,如得良友;见已读书,如逢故人。吾性乐宾客而惮悔尤,庶几仗此其可老而闭户乎!’”

【评议】

人病了要治,物坏了要修。人有小病不治,积重难返,迟早要病入膏肓,直至死亡。物有小洞不补,大洞吃苦,越撑越大,用不了多久便完全报废。一个部件坏了,换新的还可再用,而不能干脆就把整个东西都扔了。但现代化大生产、市场经济的逻辑却提高商品代谢的频率,膨胀欲望,怂恿浪费,因而加速了人类走向灭亡的步伐。

书是人类智慧的结晶,值得我们敬畏,值得我们小心呵护。

懂得书的价值,才会爱书。爱书才愿意读书。真正的读书人是不会虐待书的。

书越读越多,书越读越少,薄了厚,厚了薄,这就是读书人的一生。

对待书的态度,就是我们对待知识的态度。书价高低,就是知识在社会中的分量。

7.6 非圣书,屏勿视,敝聪明,坏心志。

【字训】

“屏”,bǐng,排斥,斥退。

“屏勿视”，清麓本作“绝勿视”。

“敝”，bì，蔽，蒙蔽。

“志”，意向，意念。

【义解】

不是传播圣贤道理的书籍，全都撂在一旁而不要看它，否则这些书就会蒙蔽我们的聪明才智，败坏我们纯正的意志。

【引典】

《管子·弟子职》：“志毋虚邪，行必正直。”

《论语·颜渊》：“非礼勿视，非礼勿听。”

《家塾常仪·读诵》：“卑俗之诗勿诵，俚近之文勿观。”

《程董学则·读书必专一》：“非圣贤之书，勿读。无益之文，勿观。”

《传家宝·四好》：“做好人，行好事，读好书，说好话。”

【事迹】

《曾国藩家书·字谕纪泽儿》曰：“买书不可不多，而看书不可不知所择。以韩退之为千古大儒，而自述其所服膺之书，不过数种。”

【评议】

读书重要，但读什么书更重要。

人是他所吃的东西。读好书，圣贤可希；读坏书，跟着学坏。所以，读书之前，不妨先认真选择一下，仔细打捞一番。灵魂一旦被污染，治理成本很高。

读圣贤书，成人；读专业书，成才。既读圣贤书，又读专业书，这样的人如虎添翼，成己成物，利国利民，前途不可限量。

7.7　勿自暴，勿自弃，圣与贤，可驯致。

【字训】

"暴"，损害，糟蹋。

"弃"，扔掉，放弃。

"驯"，xùn，逐渐（进展）。

【义解】

无论做人做事，既不要自以为是而狂妄自大，也不要过分自卑而放弃追求。圣人、贤人的德行境界虽然高远，但只要亦步亦趋，循序渐进，终归可以达到。

【引典】

《孟子·离娄上》："自暴者，不可与有言也；自弃者，不可与有为也。言非礼义，谓之自暴也；吾身不能居仁由义，谓之自弃也。"

《孟子·公孙丑上》："有是四端而自谓不能者，自贼者也。"

《抱朴子·外篇·广譬》："播种有不收者矣，而稼穑不可废；仁义有遇祸者矣，而行业不可惰。"

《二程集·河南程氏遗书·卷十九》："'惟上智与下愚不移'，非谓不可移也，而有不移之理。所以不移者，只有两般：为自暴自弃，不肯学也。使其肯学，不自暴自弃，安不可移哉?”

【事迹】

陆放翁《示儿诗》曰:“读书习气扫未尽，灯前简牍纷朱黄。吾儿从旁论治乱，每使老子喜欲狂。不欲饮酒竟自醉，取书相和声琅琅。”

【评议】

在这个世界上，多的是凡人俗人，君子毕竟少之又少，志士仁人已很难得，圣贤人格的理想则更难企及，似乎遥遥无期。

然而，我们也没有必要因此而悲观、绝望。“仁远乎哉？我欲仁，斯仁至矣”(《论语·述而》)，事在人为，路在脚下。只要我们有“人皆可以为尧舜”(《孟子·告子下》)的理想指引与信念支撑，埋头修行，弘毅进取，“天行健，君子以自强不息”(《易传·象·乾》)，积善聚义，锲而不舍，就可以日臻厚德，不断靠拢、无限接近于仁道真理了，甚至于“仁以为己任，不亦重乎，死而后已”(《论语·泰伯》)，也绝无后悔。

主要参考文献

【清】李毓秀:《弟子规》,南京:李光明庄,清光绪六年。

【清】李毓秀:《弟子规》,天津:津河广仁堂,光绪七年。

【清】李毓秀:《童蒙必读课本》,武昌:武昌书局,光绪九年。

【清】李毓秀:《弟子规教科书》,上海:昌文书局,1912。

【清】李毓秀:《弟子规》,徐梓、王雪梅编《蒙学辑要》,太原:山西教育出版社,1992年。

【宋】朱熹:《小学》,《童蒙须知》,朱杰人等编《朱子全书》(第十三册),上海:上海古籍出版社;合肥:安徽教育出版社,2002年。

【宋】程端蒙、董铢:《程董二先生学则》,【清】陈宏谋《养正遗规》,南京:金陵书局,同治七年。

【宋】真德秀:《家塾常仪》,【清】陈宏谋:《养正遗规》,南京:金陵书局,同治七年。

【宋】屠羲英:《童子礼》,【清】陈宏谋:《养正遗规》,南京:金陵书局,同治七年。

徐梓、王雪梅:《蒙学要义》,太原:山西教育出版社,1991 年。
徐梓、王雪梅:《蒙学须知》,太原:山西教育出版社,1991 年。
王俊闳:《弟子规密码》,北京:中国文联出版社,2010 年
黄灿:《〈弟子规〉研究》,上海师范大学哲学系硕士学位论文,2011 年。
刘雅苓:《清代蒙书,〈弟子规〉之析论及对 E 世代大学生人格建构的七项修炼》,台北:台湾国立师范大学教育学系硕士学位论文,2009 年。

《尚书》,《十三经注疏》,北京:中华书局,1983 年。
黄怀信:《尚书注训》,济南:齐鲁书社,2002 年。
《诗经》,《十三经注疏》,北京:中华书局,1983 年。
《周易》,《十三经注疏》,北京:中华书局,1983 年。
《论语》,《十三经注疏》,北京:中华书局,1983 年。
【清】刘宝楠:《论语正义》,北京:中华书局,1990 年。
钱穆:《论语新解》,北京:生活·读书·新知三联书店,2002 年。
《孟子》,《十三经注疏》,北京:中华书局,1983 年。
《韩非子》,《百子全书》,第二册,长沙:岳麓书社,1993 年。
《孝经》,《十三经注疏》,北京:中华书局,1983 年。
《礼记》,《十三经注疏》,北京:中华书局,1983 年。
【清】孙希旦:《礼记集解》,北京:中华书局,1989。
《大戴礼记》,北京:中华书局,1983 年。
【清】王聘珍:《大戴礼记解诂》,北京:中华书局,1983。

《仪礼》,《十三经注疏》,北京:中华书局,1983 年。

《周礼》,《十三经注疏》,北京:中华书局,1983 年。

《管子》,《诸子集成》,北京:中华书局,1954 年。

《荀子》,见杨柳桥《荀子诂译》,济南:齐鲁书社,1985 年。

《春秋左传》,杜预《春秋左传集解》,上海:上海古籍出版社,1997 年。

【汉】贾谊:《新书》,《四部丛刊》,上海:上海古籍出版社,1989 年。

【汉】董仲舒:《春秋繁露》,聚珍版影印,上海:上海古籍出版社,1989 年。

【汉】董仲舒:《春秋繁露》,【清】苏舆《春秋繁露义证》,北京:中华书局,1992 年。

【汉】刘安:《淮南子》,《诸子集成》,北京:中华书局,1954 年。

【汉】司马迁:《史记》,长沙:岳麓书社,1988 年。

【汉】桓宽:《盐铁论》,《百子全书》,长沙:岳麓书社,1993 年。

【汉】杨雄:《法言》,《法言义疏》,北京:中华书局,1987 年。

【汉】徐幹:《中论》,上海:上海古籍出版社,1990 年。

【汉】仲长统:《昌言》,《百子全书》,杭州:浙江人民出版社,1984 年。

【晋】陶渊明:《陶渊明集》,《四部丛刊》,上海:上海书店,1989 年。

【南齐】颜之推:《颜氏家训》,上海古籍出版社,1980 年。

【唐】王通:《中说》,《丛书集成(初编)》,北京:中华书局,1985 年。
【唐】魏征、虞世南等编:《群书治要》,《四部丛刊》,上海:上海书店,1989 年。
【唐】李白:《李太白集》,北京:中华书局,1977 年。
【唐】韩愈:《韩昌黎先生集》,《四部丛刊》,上海:上海书店,1989 年。
【宋】李昉、李穆、徐铉等编:《太平御览》,上海:上海涵芬楼影印本,北京:中华书局,1960 年。
【宋】林逋:《省心录》,《丛书集成(初编)》,北京:中华书局,1985 年。
【宋】李觏:《李觏集》,北京:中华书局,1981 年。
【宋】程颢、程颐:《二程集》,北京:中华书局,1981 年。
【宋】黎靖德編:《朱子語類》,1997 年,長沙:岳麓書社。
【宋】袁采:《袁氏世范》,《丛书集成(初编)》,北京:中华书局,1985 年。
【元】许衡:《许文正公遗书》,乾隆五十五年刻本。
【元】许名奎:《劝忍百箴》,北京:中国电影出版社,2004 年。
【明】薛瑄:《薛瑄全集》,太原:山西人民出版社,1993 年。
【明】王守仁:《训蒙教约》,《王阳明全集》,上海:上海古籍出版社,1992 年。
【明】敖英:《慎言集训》,《丛书集成(初编)》,北京:中华书局,1985 年。

【明】吕坤:《呻吟语》,西安:三秦出版社,2006年。

【明】洪应明:《菜根谭》,王同策注释,杭州:浙江古籍出版社,1989年。

【明】姚舜牧:《药言》,《丛书集成(初编)》,北京:中华书局,1985年。

【明】刘宗周:《人谱类记》,崇文书局,光绪年间汇刻本。

【清】颜元:《颜元集》,北京:中华书局,1987年。

【清】朱伯庐:《朱子治家格言》,徐梓、王雪梅编《蒙学辑要》,太原:山西教育出版社,1992年。

【清】魏裔介:《琼琚佩语》,《丛书集成(初编)》,北京:中华书局,1985年。

【清】申居郧:《西岩赘语》,《丛书集成(初编)》,北京:中华书局,1985年。

【清】石成金:《传家宝》,天津:天津社会科学出版社,1992年。

【清】魏禧:《里言》,《丛书集成(初编)》,北京:中华书局,1985年。

【清】李惺:《老学究语》,徐梓、王雪梅编《蒙学辑要》,太原:山西教育出版社,1992年。

【清】李惺:《药言》,徐梓、王雪梅编《蒙学辑要》,太原:山西教育出版社,1992年。

【清】李惺:《药言賸稿》,徐梓、王雪梅编《蒙学辑要》,太原:山西教育出版社,1992年。

【清】李惺:《冰言》,徐梓、王雪梅编《蒙学辑要》,太原:山西教育出版社,1992 年。

【清】金缨:《格言联璧》,同治年间郭氏刻本。

【清】周秉清:《养蒙便读》,徐梓、王雪梅编《蒙学辑要》,太原:山西教育出版社,1992 年。

【清】石天基等:《训蒙辑要》,马辛民、艾俊川编:《三字经　千字文　百家姓　训蒙辑要教童子法》,北京:接力出版社,1992 年。

【清】曾国藩:《曾国藩全集》,长沙:岳麓书社,1986 年。

【清】康有为:《论语注》,《康有为全集》,上海:上海古籍出版社,1987 年。

徐梓、王雪梅编:《蒙学辑要》,太原:山西教育出版社,1992 年。

李国均主编:《清代前期教育论著选》(上、中、下册),北京:人民教育出版社,1990 年。

刘国玉主编:《中华蒙学集成》,沈阳:辽宁教育出版社,1993 年。

余治平:《忠恕而仁:儒家尽己推己、将心比心的态度、观念与实践》,上海:上海人民出版社,2012 年。

余治平:《春秋公羊夷夏论——儒家以文明教化为本位的一种天下秩序设计》,上海:上海书店,2013 年。

罗国杰主编:《中华传统道德 · 规范卷 · 名言卷 · 德行卷》,北京:中国人民大学出版社,1995 年。

尹德新主编:《历代教育笔记资料》(四册),北京:中国劳动出版社,1990 年。

【清】桂馥:《说文解字义证》,济南:齐鲁书社,1987 年。

【清】《康熙字典》,同文书局影印本,北京:中华书局,1958 年。

张永言、杜仲陵、向熹等编:《简明古汉语字典》,成都:四川人民出版社,1997 年。

谷衍奎:《汉字源流字典》,北京:华夏出版社,2003 年。

图书在版编目(CIP)数据

做人起步《弟子规》:脩礼立教以找回一种向善的生活方式/余治平著.—上海:上海三联书店,2015.7
ISBN 978-7-5426-5199-0

Ⅰ.①做…　Ⅱ.①余…　Ⅲ.①古汉语—启蒙读物②《弟子规》—研究　Ⅳ.①H194.1

中国版本图书馆CIP数据核字(2015)第116223号

做人起步《弟子规》

——脩礼立教以找回一种向善的生活方式

著　　者 / 余治平

责任编辑 / 冯　静
装帧设计 / 汪要军
监　　制 / 李　敏
责任校对 / 张大伟

出版发行 / 上海三联书店
(201199)中国上海市都市路4855号2座10楼
网　　址 / www.sjpc1932.com
邮购电话 / 24175971
印　　刷 / 上海叶大印务发展有限公司

版　　次 / 2015年7月第1版
印　　次 / 2015年7月第1次印刷
开　　本 / 787×1092　1/32
字　　数 / 150千字
印　　张 / 6.25
书　　号 / ISBN 978-7-5426-5199-0/G·1394
定　　价 / 32.00元